如何激活学生思维

激励学生学习与思考的187个教学工具

［英］麦克·格尔森 著
Mike Gershon

ACTIVATING STUDENT THINKING

200 Tools to Energize Your Learners

中国青年出版社
CHINA YOUTH PRESS

图书在版编目（CIP）数据

如何激活学生思维：激励学生学习与思考的187个教学工具/（英）麦克·格尔森著；
郑晓梅译.

—北京：中国青年出版社，2022.3

书名原文：Activating Student Thinking - 200 Tools to Energize Your Learners

ISBN 978–7–5153–6577–0

Ⅰ.①如… Ⅱ.①麦… ②郑… Ⅲ.①课堂教学–教学法 Ⅳ.①G424.21

中国版本图书馆 CIP 数据核字（2022）第026750号

如何激活学生思维：
激励学生学习与思考的187个教学工具

作　　者：［英］麦克·格尔森

译　　者：郑晓梅

责任编辑：肖妩嫔

文字编辑：郑敏芳　张祎琳

美术编辑：杜雨萃

出　　版：中国青年出版社

发　　行：北京中青文文化传媒有限公司

电　　话：010–65511272 / 65516873

公司网址：www.cyb.com.cn

购书网址：zqwts.tmall.com

印　　刷：大厂回族自治县益利印刷有限公司

版　　次：2022年3月第1版

印　　次：2024年9月第3次印刷

开　　本：787 × 1092　1 / 16

字　　数：115千字

印　　张：15

京权图字：01–2021–2004

书　　号：ISBN 978–7–5153–6577–0

定　　价：49.90元

版权声明

contents **目　录**

前　言　009

第一章

培养独立自主的学习者

01	"独立自主"课堂活动	014
02	展示具体表现	015
03	强调重要性	016
04	提供具体示例	018
05	发挥榜样的作用	019
06	制订相关规则	020
07	后退一步	021
08	拒绝回答学生的问题	022
09	先做3件事再来找我	023
10	发放提问卡	024
11	让学生来回答常规问题	025
12	运用视觉信息来解释指令	026
13	共同制订任务成功的标准	027
14	反问学生	028
15	进行反馈	029

16	学生之间的互动	030
17	承认自己不知道	031
18	让学生深思熟虑后再回答	032
19	改变学生关注的焦点	033
20	积极聆听学生的声音	034
21	你……我才会批改	035
22	让学生熟悉常规流程	036
23	各种常规流程实践	037
24	提供学习工具	038
25	重新审视课程计划	039
26	布置任务后提出主要要求	040
27	提供多种作答形式	041
28	学生自主设定学习目标	042
29	布置问题导向型研究任务	043
30	对学生保持正面期待	044

31	把你的期待告诉学生	045
32	坚持让学生论证	046
33	布置专题研究任务	047
34	让学生教家长学科知识	048
35	条条大路通罗马	049
36	提升学生的元认知水平	050
37	翻转学习	051
38	为什么这个答案是对的	052

39	为什么这个答案是错的	053
40	带着问题来上课	054
41	5分钟的课程导入活动	055
42	让学生来规划总结会	056
43	鼓励学生寻求反馈	057
44	调整上课时使用的语言	058
45	指定学生领袖	059

第二章

帮助学生摆脱"我不知道"的思维模式

46	距离效应	062
47	问题中加上"可能"二字	064
48	给学生提示	066
49	给学生线索	068
50	给学生启发	070
51	预留等待时间	071
52	思考—分组—分享	072
53	静静思考	074
54	与搭档讨论问题	075
55	把想法写下来	077
56	把想法画出来	078
57	不要面向全班学生提问	079

58	明确相关规则	081
59	演练回答	082
60	一开始就给个示例	083
61	讨论有争议的话题	084
62	扮演助产士的角色	085
63	你以前学过什么	087
64	考虑学生的知识储备	088
65	考虑学生已有的观点	089
66	问问别人的看法	090
67	评价其他学生的答案	091
68	评价教师的答案	092
69	给我说个错误的答案	093

70	提一个问题	094
71	犯错是有益的	096
72	书面对话	097
73	可供选择的答案	098
74	学生能回答什么问题	100
75	问题要更加明确	101
76	匹配问题和答案	102
77	告诉我怎样才能弄清楚	103
78	你同意谁的观点	104
79	我们如何完善这个答案	105
80	把主题提炼出来	106
81	把问题写下来	107

82	证明答案的正确性	108
83	给搭档一个答案	109
84	把问题分解	110
85	想象一下，如果……	111
86	口头试错	112
87	提出更具体的问题	113
88	从判断是否的问题开始	114
89	在讨论前先组织学习活动	115
90	"问题盒"与"问题袋"	116
91	上次你是怎么做的	117
92	亮出小丑牌	118

第三章

让成绩好、能力强的学生接受难度更高的挑战

93	解决更复杂的问题	120
94	提供新的学习内容清单	121
95	挑战高年级的学习内容	122
96	直面学习中的"不确定性"	123
97	学生进行预测并说明理由	124
98	提出相反的观点	125
99	创建概念图	126
100	提出概念问题	127

101	探索概念	128
102	解释概念	129
103	刨根问底	131
104	进行评价	132
105	增加测试的难度	133
106	"击败教师"游戏	134
107	学生的独白	135
108	只说开头与结尾	136

109 学生完善学习流程　137

110 关于学习流程的反馈　138

111 提出针对学习流程的问题 139

112 尝试另一种解题方法　140

113 像专家一样练习　141

114 针对弱点进行练习　142

115 多项要求或任务来袭　143

116 提出注意事项　144

117 信息分组　145

118 加大任务难度　146

119 提出更复杂的问题　147

120 创建准备指南　148

121 问问大家："如果……"　149

122 教师扮演唱反调的角色　150

123 听听"不同的声音"　151

124 督促学生做得更好　152

125 让情况变得更糟　153

126 利用废弃鞋盒来"抽奖"　154

127 学生提出拓展问题　155

128 提出额外的成功标准　156

129 更细致以及更深入的学习 157

130 创建音视频文件　158

131 提前阅读学习资料　159

132 挑战更难理解的阅读资料 160

133 让学生来写教案　161

134 鼓励学生试错　162

135 没有标准答案的问题　163

136 要求学生做得更快更好　164

137 提出一些抽象的问题　165

138 让学生互相学习　166

139 口头反馈　167

第四章

提高课堂反馈、作业批改的质量

140 反馈的重要性　170

141 只有反馈还不够　172

142 正式上课前的反馈意见　174

143 表扬学生的努力，而非特质176

144 将反馈视作一份礼物　178

145 让学生明白反馈的目的　179

146 注意工作记忆的容量限制 180

147 一次只做一件事　182

148 确保学生采取了行动　184

149 使用一些标记符号　186

150 用不同颜色的笔标记　187

151 面向全班同学设定多个目标188

152 提前给学生反馈　190

153 制作错误明细表　191

154 示范一下该怎么做　192

155 针对思维过程提出意见　193

156 展示你的思维过程　194

157 突出不同作业之间的差距　195

158 让学生对照心理预期行动　196

159 反馈分类法（1）　198

160 反馈分类法（2）　199

161 反馈前的流程描述　200

162 把评价标准随时备着　202

163 批改作业时目的要明确　203

164 你想让我批改什么　204

165 你想让我给出什么样的反馈206

166 我应该注意哪些变化　207

167 针对学生的错误进行反馈208

168 提出关键问题　210

169 明确不同性质的错误　212

170 中期测试　213

171 整理一份错题集　214

172 设计一个检查清单　215

173 让学生高效使用检查清单216

174 先从3个渠道完善作业　217

175 批改学生匿名提交的作业　218

176 批注作业范本中的亮点　219

177 批注错误之处　221

178 批注不同质量的作业样例　222

179 学生及时采纳反馈意见　223

180 写下来—行动—反思　225

181 D.I.R.T.反馈法　226

182 活动—反馈—活动　227

183 反馈记录纸　228

184 测试练习　229

185 间隔练习　230

186 口头的自我评估　231

187 学生将评价标准内化于心232

前　言

　　思维方式是一种复杂的心理过程，影响着学生的学习态度与学习习惯。为了帮助学生发展思维能力、培养正确的思维方式，本书从以下方面教会教师引导学生积极思考、发挥潜能、高效解决各种学习难题。

培养独立自主的学习者

　　作为教师，你可以静下心来想一想：在上课时我们可以通过什么方式来提高学生的独立自主能力？我们如何备课与授课才能增强学生的独立自主的意识？如何让学生们坚信，学习进度应该由自己控制和把握？

　　我们都希望学生具有独立的思考能力，能做到自主学习。这一教学目标极其重要，但要实现这个目标并不容易。不过，本书将向你展示多种技巧、观点和方法，帮助你实现上述目标。思想独立与行为独立都是一种习惯，是一个人性格的两个方面。所有学生都可以养成这样的习惯。在制订教学计划、授课和批改作业的时候，如果教师们能够引导学生朝着独立自主的方向发展，把培养学生的独立习惯作为每节课的核心目标，那么学生取得进步的可能性更大。

帮助学生摆脱"我不知道"的思维模式

　　帮助学生摆脱"我不知道"的思维模式很重要。如果我们不能让学生敞开心扉，不能引导他们用语言表达出心中的想法，那么我们就不能帮助他们更好、更深入、更有创造性地思考。作为教师，我们需要了解学生的想法。唯有此，我们才能判断出他们对知识的掌握程度，批判性地评估他们的思维模式，在课堂上营造出重视学生自主探索的对话氛围。

不了解学生的思想，我们就无法察觉学生的错误观点，并有针对性地开展教育。我们也就很难提出与学生需求匹配度高的问题。从另一个角度来讨论这个问题，如果学生总是不知道问题的答案，或者不愿意分享自己的想法，那么他们就会觉得课堂单调枯燥、索然无趣。他们就会错过学习、讨论、创造性思考的机会。当然，他们也会在一定程度上失去对课堂的控制，在学习中被动接受信息，而不是主动参与。

本书虽然提出了实际的解决方案，但也吹响了战斗的号角。我们需要想方设法为学生打开在学习上畅所欲言的大门，让他们改变"我不知道"的思维模式。有时，我们可以采取一些方法让学生自己克服说"我不知道"的习惯；有时，我们可以微调教学计划和互动方式，让"我不知道"的回答没什么吸引力，或者让学生彻底放弃这样的想法。

让成绩好、能力强的学生接受难度更高的挑战

通常情况下，教师会设计一些课堂活动和教学内容来拓展学生的思维，发掘学生的潜力。然而，在学生群体中，一些学生会比他们的同龄人成绩更好、能力更强。对于这些学生，常规的课程安排不足以真正扩展他们的思维，提升他们的能力与理解水平，你通常需要向他们提出更高的要求。

所有学生的思维都需要得到拓展，高水平的挑战才能进一步发挥学生的潜力。本书介绍了一些对学生提出更高要求的方法。对于成绩好、能力强的学生，这些方法可以拓展他们的思维，带给他们难度更高的挑战。

提高课堂反馈和作业批改的质量

课堂反馈和作业批改对学生的影响巨大。课堂反馈是否及时，课堂反

馈的质量如何，学生能不能理解课堂反馈的意思，学生是否有机会根据课堂反馈来做出改进，这几点对学生来说非常重要。同样，如果教师想了解学生的学习情况，想相应地调整教学方案、教学方法以及评估办法，有效和高效的作业批改必不可少。

我们可以把课堂反馈和作业批改看作是同一枚硬币的两面。虽然不完全一样，但二者密切相关，有很多相似之处。然而，一定要注意，最常见的课堂反馈是口头形式的，可以独立于作业批改。一般情况下，课堂反馈是教师对学生的课堂表现进行实时评估。相反，作业批改往往是在课后进行的，是对学生课堂表现的反思和分析。

有很多方法可以提高课堂反馈、作业批改的质量。在本书中，你可以通过具体实例明白该如何做。但千万不要认为这些方法一成不变，你可以直接应用，也可以根据学生的实际情况和教学风格进行修改、调整。

第一章

培养独立自主的学习者

01

"独立自主"课堂活动

首先，我们需要定义何为独立自主。学生只有明确独立自主的定义，才会在你提到这个词时明白你在强调什么。如果学生对独立自主的定义存在误解，那么他们可能会南辕北辙，到达不了目的地。

在我看来，独立自主是指一个人在不需要别人帮助的情况下，有能力完成某件事情。独立自主的学习者是指乐于自主学习的学生，他们总是在寻求帮助之前先努力靠自己解决问题。

你可以和学生一起给独立自主下定义，这样做有助于学生深入理解独立自主的定义。下面是具体的方法：

把班里的学生分成几个小组，给每组发一张A4纸。学生在A4纸上画出一个卡通的学生形象，在旁边标注出独立自主的学习者应该具有的品质，学生要举例解释各种品质。然后，各个小组用一两句话进行总结，得出独立自主的定义。最后，各个小组进行分享，全班同学综合不同小组的看法，一起商讨出一个大家都满意的定义。

02

展示具体表现

在明确独立自主的定义后，你现在需要让学生们知道独立自主的学习者到底是什么样的。如果他们不知道，那他们很难成为独立自主的学习者。你可以使用下面3个技巧让学生明白什么是独立自主的学习者：

• 在黑板上划出一块展示区，把课分成5个部分：开课、集体讨论、个人活动、小组活动、结课。你可以通过图像、图表、清单等形式，向学生明确说明在不同情景下独立自主的学习者会有怎样的表现。

• 做一份讲义，写明独立自主的学习者会如何处理课堂上的常见问题。比如：做不出题时怎么办，不确定下一步该做什么时怎么办，收到教师的反馈后怎么办等。把讲义复印，给每个学生发一份，带着学生过一遍，让他们把讲义贴在教材的封面上，供本学期学习时参考。

• 如果你感觉学生的依赖性很强，那你就得给他们直接演示独立自主的学习者会有哪些行动。这样他们可以获得更直观的感受，然后进行效仿。

03

强调重要性

有些学生可能会有畏难情绪，他们可能会说：

• 我现在不需要独立自主，等我毕业了再说吧！

• 你是教师，为什么所有事都要让我们学生做？

• 上不上学我们说了又不算，谈独立自主有什么意义？

许多学生不理解独立自主的意义所在，他们提出这样的观点是无可厚非的。当他们提出这种观点时，我们该如何反驳呢？

说清楚独立自主的重要性是说服学生的最好方式。这也就意味着，要给学生解释清楚为什么你要求他们做的事情很重要，你可以向学生这样解释：

• 独立自主意味着你现在已经做好进入人生的下一个阶段的准备，不管是即将接受高一级的教育还是去工作。

• 成为独立自主的学习者意味着你有更好的自控能力，而这正是心智成熟的标志之一。

• 要做到独立自主，就要培养某种思维和行动习惯。这不可能一蹴而就，你得持续努力，不断"修炼"。所以你现在就得开始树立独立自主的意识。

提前想到类似的回答可以让你先发制人，当学生不想独立自主，提出抗议的时候，你就可以从容地表示感同身受，然后进行反驳。

04

提供具体示例

在明确了独立自主的定义，向学生展示一些具体表现，并对反对之声进行反驳之后，我们就该开启学生的独立自主之旅了。

这就意味着，学生需要更详细地了解独立自主的学习者在特定情景下的表现。在向学生展示了何为独立自主的学习者之后，我们要通过具体的示例来让学生进一步明确。可以使用下面3种方法：

• 发现有的学生展现出独立自主的学习者应具备的思维和行为后，提醒其他学生以他们为榜样。这样，学生之间可以互相学习。

• 在班级活动开始前，给学生提供两三种自主完成任务的方法，说出每种方法的好处，强化学生独立自主的意识。

• 和学生一对一交流时，详细说明独立自主的学习者在某些特定情景下会如何行动。然后，让他们说说现在可以做到哪一步，以后会做出哪些调整。

05

发挥榜样的作用

　　榜样的力量非常强大。学生可以直接借鉴别人的做法，学会如何处理某些棘手的事情。你可以通过很多方式为学生树立能做到独立自主的榜样：

　　●找些能做到自主学习的班级榜样，在纸上描述他们的事迹，进行匿名处理，然后复印，发给学生。和学生进行讨论，提醒他们关注班级榜样的不同做法，鼓励他们在学习中效仿。

　　●给学生讲一件能够证明你具备独立自主能力的事情（可以是学习上的、工作上的或者生活中的例子）。告诉他们你在遇到问题时是如何克服困难的，为什么独立解决问题让你获益匪浅。

　　●装扮成学生的样子，拍摄一个分饰两角的搞笑视频。一方面，你要扮演一个依赖性特别强的学生，表演一定要夸张，一定要有喜剧效果。另一方面，你要转换角色，扮演一个能做到独立自主的学生，要解释清楚你是怎么行动的，这些表现为什么能够说明你具备独立自主的能力。

制订相关规则

制订一套关于独立自主的规则，意味着教师提出一系列要求来规范学生的行为。关于独立自主的规则不仅作用于课堂管理，也影响着学生的日常习惯。你可以参考或直接使用以下规则：

- 所有学生在向教师求助之前必须先做3件事。

- 遇到问题后，先试着自己解决。

- 完成任务后，问问自己接下来可以做什么。

- 学生觉得无事可做时可以重新审视自己的目标，完善最近完成的任务。

- 有想法的时候，要勇于尝试，看看会发生什么，然后和他人分享。

把这些规则写在一张纸上，贴在教室的墙上。你也可以让学生将这些规则抄在书上或笔记本上。接下来，你要帮助学生理解并将这些规则内化于心，不断践行。

07

后退一步

在学生遇到难题时，我们不能一味地冲上去，告诉学生应该怎么做。相反，我们得后退一步。这就意味着，我们要相信学生有独立自主的能力，可以自己解决问题。

如果你习惯性地给学生指导，要做到这一点并不容易。你可以参考以下案例：

· 一位体育老师在课上组织了一个活动。学生们已经分好了组，但她发现有两个小组踌躇不决，还没有商量好怎么办。她没有直接过去干涉，而是待在原地。几分钟后，那两个小组就弄清楚了，并开始行动了。

· 一位小学写作课老师要求学生围绕他布置的主题写一篇作文。全班同学都开始动笔了，但有两三个学生看起来很困惑，似乎没有理解老师的意思。这位老师等了等。过了1分钟左右，这些学生看了看身边的小伙伴们，很快就搞清楚他们该做什么了。

08

拒绝回答学生的问题

拒绝回答学生的问题也可以帮助他们树立自主学习的意识，以下面的回答为例：

- 你告诉我，你觉得答案是什么？
- 我现在还不会回答这个问题，你需要自己再想想。
- 同学们，接下来的5分钟我不会回答任何问题，有问题要靠自己解决。5分钟后如果你还不会，再来问我。

如果你能够坚持使用这一技巧，学生会逐渐养成遇到难题自己先解决的习惯。有时，你有必要明确告诉学生你这样做的目的，因为有些学生很敏感，可能会误解你的举动和初衷。

09

先做3件事再来找我

　　学生必须先完成3件事再向教师请教，这种方式可以有效锻炼学生的独立自主能力。你可以告诉学生，他们在向你求助之前要先做3件事，同时你一定要告诉他们这3件事情是什么，这点很重要。这3件事情可以包括：

- 向小伙伴求助。
- 查阅书籍。
- 再次思考。
- 使用试错法。
- 上网查资料。
- 使用字典、词汇表等工具。

　　我还有一个建议：要确保教室有字典、词典、词汇表等辅助学习工具，这样学生在请教教师之前，可以多一种选择来进行自主学习。

10

发放提问卡

给每个学生发3张自制的提问卡。学生只要问你一个问题，就要交一张提问卡。这个小"花招"可以活跃班级气氛，也可以让学生更加慎重地提问，他们在提问前，会更认真地思考自己该提什么问题，这个问题能不能自己或和小伙伴们讨论之后解决。这个技巧还可以有下面几种形式：

• 告诉学生，每当有一个学生用完3张提问卡后，全班学生在接下来的5分钟内都不允许提问。这个规则能让班上的学生更加积极地思考问题，更愿意互相解答问题。

• 向学生说明碰到哪些类型的问题时可以使用提问卡，哪些问题则不适用。例如，你可以鼓励学生提一些具有启发性的问题，同时提醒学生不要提他们本可以自己解答的问题。

• 不需要给每个学生3张提问卡，你可以总共给全班同学5张提问卡。这样游戏规则再次改变。学生们更有责任互相帮助，共同控制问题的数量与质量。

11

让学生来回答常规问题

依赖性强的学生通常有一个习惯，就是会问很多常规问题，包括和课堂上的常规要求有关的问题。比如，怎么开始一项任务，能不能翻看参考资料，完成任务后接下来应该做什么，等等。

有时候，对于一些常规问题，你有回答的必要，尤其是当你发出的指令不够清晰的时候。但通常情况下，学生可以自己找到答案。他们需要改掉不认真思考就提问的习惯。

为了帮助学生做到这一点，可以制订一个规则：学生不能直接问你常规问题，必须去请教其他学生。具体有两种办法。第一，当一个学生问你常规问题时，你把这个问题说给全班学生听，找其他学生来回答。第二，指定两个到三个学生专门回答常规问题。学生只要有此类问题，不能来找你，必须去向这些学生请教。

当然，就算把这些方法都用上，班里的学生也不可能完全不问你常规问题，但是，这样做学生会明白，不能一有问题就指望你。

12

运用视觉信息来解释指令

如果学生可以参考一些视觉信息，那他们就可以更准确地理解教师的指令。这样，他们能进一步明确自己需要做什么，那他们就更容易做到独立自主。

在口头告知学生接下来的活动时，你可以同时给学生一些视觉信息。这样，学生就可以接收两种类型的信息。他们可以核对、比较这两类信息，确保自己理解教师的指令。

最简单的方法是使用幻灯片把活动要求和具体安排明确写出来。你还可以在黑板上把你说的话概括之后写下来，然后用一些简笔画作为补充。例如，你可以用笔的图标来表示写作任务，用天平的图标来表示即将到来的考试。

最后，要记住，相比口头传递的信息，学生能更快地吸收视觉信息。这是用两种形式来解释指令的原因之一。

13

共同制订任务成功的标准

为了判断学习任务是否成功完成，学生需要知道相关的衡量标准。有了标准，学生也就有了明确的目标。

教师与学生一起制订任务成功的标准，有助于学生养成独立自主的习惯，原因有三：

- 学生亲自参与制订过程，享有更多自主权。

- 学生对任务成功的标准理解得更加透彻，就更易于达到目标。

- 在班级里，大家之间更了解彼此，学生们更乐于解答彼此的问题。

此外，老师要向学生强调，通过共同制订任务成功的标准，他们能更好地掌握课程的大部分知识点以及变得更独立自主，这是他们成功完成任务的基石。

14

反问学生

当学生问你一个问题时，要进行反问。以下是一些例子：

• 学生：老师，我该怎么做？教师：你试过哪些办法？

• 学生：老师，这就是正确的答案，对吗？教师：你为什么觉得这可能是正确答案呢？

• 学生：老师，"affective"（情感的）和"effective"（高效的）这两个单词有什么区别呢？教师：你认为二者的区别是什么？

请注意，在这些情况下，教师反问学生，就是为了让他们尝试自己解答问题。其实这也就相当于教师说："我知道你想知道答案，但我认为你再加把劲就可以把答案想出来。"

我们在反问学生并听了学生的回答后，会进一步了解他们的真实水平。如果他们依旧没有解答出问题，那么我们可以帮助他们。不过，在大多数情况下，你会发现学生自己就把问题解答了，根本不需要你说什么。

进行反馈

在培养学生独立自主能力的过程中，你需要给予学生反馈。这样做有两方面好处：一方面，学生能明白自己哪方面做得好，应该继续采取哪些做法；另一方面，你可以向学生提供专业建议，学生就会知道自己的不足以及接下来怎么做才能变得更加独立自主。

你可以参考以下反馈：

干得好，凯拉。可以看出来，你一直在尝试用各种方法来解决这个问题。这一点值得表扬，说明你深思熟虑过并尝试了不同的方法。下一次，我希望你中途停下来，想一想哪些技巧有用、哪些技巧没用，再想想为什么，这样可以做出更好的选择。

16

学生之间的互动

学生之间的互动有助于锻炼他们独立自主的能力。你可以用下面几个办法来增加学生之间的互动：

• 布置一项任务，让学生分组或者结对完成。

• 让学生分组或结对讨论一个话题。

• 向全班同学提出问题，提供答案，不做多余的解释，让学生结对讨论这一答案。

• 当学生问你问题时，把问题向其他学生重复一下，问问他们对这个问题的看法。

• 在活动结束之前，给学生两分钟时间结对进行总结。你可以给学生列一个框架，明确讨论应该聚焦哪些方面。

在所有情况下，我们其实都是在告诉学生，活动应该以他们为主。教师在必要时可以进行干预，但除了一开始对活动的说明外，教师主要是作为活动的推动者。

17

承认自己不知道

有时，我们也无法解答学生提出的问题。这可能是因为我们从未思考过这一问题，也可能是因为这个问题暂时没有被任何人解决或者我们忘记了答案。

不管是哪种情况，承认自己不知道就是最好的应对办法。这样做有几个好处。一是让学生明白，教师不是全能的。二是可以让学生自己寻求解决之道。毕竟，如果教师不知道答案，那学生就应该深入研究自己希望解决的问题。

承认自己不知道答案后，你可以和学生一起探索。如果时间允许，你可以和学生在课堂上共同探讨问题的答案。如果课堂时间不够，你可以和学生在课后进行调查研究，然后在课上分享各自的发现。

18

让学生深思熟虑后再回答

通常，学生脱口而出的答案并不是最好的答案。你可以明确表示你不接受他们脱口而出的回答，希望他们能深入思考你提出的问题。这样，学生就会明白，即便他们已经说出了自己快速想到的答案，也不能停止思考。

学生很快说出答案后，你可以继续追问，以下面的问题或陈述为例：

• 好的，现在请你再解释一遍。不过你这次要讲得更加清楚，可以吗？

• 好的，告诉我你真正的意思是什么。一步一步讲清楚你的思路。

• 我不知道我能不能接受你的答案，你怎么说服我呢？

• 请再说一遍。重新举个例子。

• 这个角度很有趣，但为什么有人会不同意你的观点呢？

有些学生需要一段时间才能习惯这种做法。为了避免学生一开始不敢开口，你可以给学生时间先和小伙伴讨论一下，然后再告诉你他们重新思考后的想法。

19

改变学生关注的焦点

教师如果在课堂上说得太多，不给学生的自主学习留下任何空间，那么学生总是将目光聚焦在教师身上，从而很可能会处于一种非常被动的状态。在课堂上，教师可以使用下面5种技巧来改变学生关注的焦点，提高他们在思想和行动上的自主性：

• 给学生说3个关键词或短语。在你授课的过程中，学生只要听到这些关键词或短语，就要尽可能多地做笔记。

• 在讲课时，你可以不时地安排30秒的讨论活动，让学生两人一组，围绕正在讲解的话题或问题进行讨论。

• 让学生根据你当前的授课内容，预测你接下来要讲授的内容。

• 不要让学生漫无目的地预测，给学生3个选项，让他们和小伙伴讨论一下，预测你接下来会讲授的内容，然后说出理由。

• 在开始授课前，你先提出3个问题。学生要仔细听讲，因为他们可以从你讲授的内容里找到问题的答案。

20

积极聆听学生的声音

如果整节课都是你一个人在讲话，那么学生自主学习的空间会缩小，教师们往往意识不到这一点。有时候，可能等到课已经结束了，他们才突然发现自己说的太多，学生根本没有机会自主学习。

为了避免出现这个问题，教师要学会积极聆听，不但要聆听自己的声音，也要聆听课堂上学生们的声音。

聆听的时候，感受一下自己的声音有多大，是否自己说得过多。如果你觉得自己的声音太大、说得太多，那就收一点，腾出一些空间来，让学生可以自由地发言、讨论、主导学习。

然后，你可以通过积极聆听学生的声音，看看哪些学生在自主学习时看起来很轻松，哪些学生有困难、看起来十分困惑。这样你可以集中精力帮助有困难的学生，帮助他们变得更加独立自主、掌握自己的学习进度。

21

你……我才会批改

你可以把"你……我才会批改"当成固定用语，变成你上课时的口头禅。例如：

- 你把作业检查了两遍之后，我才会批改。
- 你至少试过3种办法来完善作业之后，我才会批改。
- 你检查过并且找出了你认为出错的地方，我才会批改。
- 你检查了错别字、标点符号，确定这篇文章讲得通，我才会批改。
- 你写一段话，说明你是否实现了最近定的目标，我才会批改。

通过上面的口头禅，学生可以明确知道他们需要做什么才会变得更加独立自主。学生要想变得更独立自主，并不是做完作业之后交给教师批改就行，而是需要更积极主动，在交作业之前多做一些功课。这样学生在学习中肩负了更大的责任，同时也拥有了更大的自主权。

22

让学生熟悉常规流程

在教室里，学生会一次又一次地遵循某些步骤，有些步骤与课程组织有关：

- 把书拿出来。

- 根据不同的活动类型重新布置教室摆设。

- 遵守规则。

有些步骤与学习有关：

- 先检查作业再交（见前一条）。

- 用试错法，不断接近正确答案。

要让学生熟悉你课堂上的常规流程，包括课程组织流程和学习流程。这样他们可以变得更加独立自主，在遵循流程中的某个步骤时，不需要你的指导、督促与提醒。你要相信学生已经将流程熟记于心，不需要你的提醒就可以完成要求。

23

各种常规流程实践

　　如果你决定要训练学生，让他们熟悉各种常规流程，那就应该把教师的要求和学生的实践结合起来。学生需要反复练习，以便于更快更好地执行这些流程。

　　平时，学生需要打扫教室、将桌子摆整齐。这也是常规流程之一。教师可以以游戏的形式来让学生在实践中熟悉该流程。学生们面临的挑战是：能不能高效完成任务。在实践的时候，你可以给他们计时，把学生每一次完成任务的速度用图表表示出来，鼓励他们不断打破纪录。

　　如果学生实践的是学习上的常规流程，如检查作业、使用试错法等，重点是要把这些流程内化于心，逐渐提高成绩。你可以让学生定期练习，也可以设计一个活动，让他们在短时间内反复练习。

　　例如，你可以给学生布置5个问题，要求全部用试错法来解答。学生做完一道题，再做下一道。每做完一道题，他们就会越来越熟练地使用试错法。

24

提供学习工具

我们之前（第9条）曾提到过为学生提供字典、词典等学习工具的好处。当学生在学习过程中遇到难题或者当他们需要外力协助的时候，他们就可以使用这些学习工具。

给学生提供学习工具，意味着学生在面对困境时可以有更多的解决途径，也意味着学生可以通过多种方式来做到自主学习。下面列出了一些教师可以提供给学生的学习工具：

- 教材内容的大纲。
- 作业范例。
- 常见问题的解决思路。
- 历届试卷和评分标准。
- 迷你白板、便条纸和剪贴簿（拓展学生记忆的工具）。
- 公式表。
- 创意写作开头模板。
- 单词表。

25

重新审视课程计划

教师在备课时需要提前思考，制订计划，确定学生在上课时有自主学习、主导学习的机会。这意味着教师要从培养学生独立自主能力的角度来审视课程计划，确定要在课堂上引入什么内容、进行何种改变才能让学生有机会做学习的主导者。

例如，烹饪教师规划课程时，他的计划是先带着学生学习食谱，然后让学生按照食谱做菜。如果是从培养学生独立自主能力的角度思考，教师可以对课程计划做如下调整：全班学生分为几个小组，在课程正式开始前给学生10分钟时间，学生在看完食谱后和自己的小伙伴讨论食谱，然后可以面向班上其他学生提出问题。

再举个例子，一个老师准备上一节讲描写类文章的课，主要的课堂活动是让学生根据老师的反馈意见重写一篇作文。在备课时，他进行了些许调整。他的计划是：在刚上课后，给学生10分钟的时间在教室里任意走动，和同学们比较作文和老师的批改意见。这样，大家就知道好的作文应该是什么样的，重写作文应该从哪些方面着手。

26

布置任务后提出主要要求

有时候少即是多。为什么不试试下面的方法呢？先明确任务的主要要求，然后让学生们自己看着办。可以参考以下3个例子：

• 物理老师让同学们设计一个实验来研究摩擦现象。老师说只要能够保证安全，学生可以使用实验室里的任何东西。明确了主要要求之后，学生就可以自己找设备了。

• 美术老师让学生们画一幅运动鞋的图画，但运动鞋必须有所变形。给学生3个作品作为参考，然后他们就可以自由发挥了。

• 经济学老师让学生们制作演示文稿，解释垄断的优缺点，展示的内容必须要包括图像和交互性元素，但除此之外，学生可以自行决定演示文稿的内容与形式。

提供多种作答形式

提问后给学生提供多种作答形式有助于培养学生独立自主的意识。这意味着学生可以在教师设定的范围内自主选择如何作答。以下面为例：

老师提出了一个问题：海岸侵蚀对野生动物和人类有什么影响？

告诉学生，他们可以自主决定以下面任意一种形式来回答这个问题：

• 写文章来说明海岸侵蚀对野生动物和人产生的影响。

• 可以做个小册子，包括以下4部分内容：（1）解释海岸侵蚀的概念。（2）解释海岸侵蚀对野生动物的影响。（3）解释海岸侵蚀对人类的影响。（4）提出治理海岸侵蚀的措施。

• 假设自己是一位政府部长，受委派前往英国诺福克郡的哈比斯堡（Happisburgh）调查海岸侵蚀的影响，并撰写一份报告。

• 为以海岸侵蚀的影响为主题的电视纪录片拟定一份详细的选题策划方案，该纪录片要包括关键的画外音。

• 对海岸侵蚀的3种治理方法进行SWOT（strength：优势、weakness：劣势、opportunity：机会、threat：威胁）分析。

28

学生自主设定学习目标

目标的作用在课堂上显而易见，目标可以帮助教师和学生明确心中期望的道路。

你可以要求学生自主设定学习目标，提高他们的独立自主能力。设定的目标不能是只针对某节课的短期目标，而应该是个总体的、更长远的目标。学生应该定期审视自己设定的目标，不断努力来实现这个目标。

下面列举的一些学习目标可以作为示范分享给学生：

• 在团队活动中，我想担任领导者。因此，我得用行动作出表率，同时指导团队成员。

• 当我遇到问题时，我想先试着自己解决，然后再寻求帮助。因此，我将从不同的角度来分析问题，并且至少尝试两种不同的解决方案。

• 我不想浪费时间，我想迅速投入学习状态。因此，我会将我的想法第一时间写在便签纸上，然后立马行动。

29

布置问题导向型研究任务

无论是开展独立研究还是团队研究，学生都需要自主学习，有所发现。在研究的过程中，学生往往目标明确，不得不独立解决问题。

围绕主题做研究不如围绕问题做研究的效果好。问题导向型研究能更有效地引导学生，因为学生研究问题的目标不仅仅是有所发现，而是要找到具体的答案，所以学生行为的目标性更强，研究的效果更好。因此，在布置研究任务时，教师可以以问题的形式来设计研究主题。

同样值得注意的是，提供一些线索有助于学生完成研究任务。例如，你可以提出一些相关的分支问题，让他们从回答这些问题开始。你也可以指出3个关键领域，让他们从这些领域出发，深入研究。这些线索可以帮助学生找到方向，促使学生深挖广拓，成为更独立自主的研究者。

30

对学生保持正面期待

你期待学生做出什么成绩，你往往就能收获什么。如果你认为学生依赖性很强，或者需要"填鸭式"的教导，那他们可能就会表现出那个样子。更重要的是，你自己的行为和你所做的选择不知不觉会被你的预期所影响。

你可以设想学生能跟随你的步伐，努力成为更独立自主的学习者，这种期待会促使你安排让学生有机会自主学习的课程活动。

对学生保持正面期待的最大好处在于，你在讲课时会有意识地避免"填鸭式"的教学以及剥夺学生自主学习的空间。

这听起来似乎是个显而易见的道理，但也说明了审视预期和思维模式的重要性。问问自己，你有多么希望培养学生自主学习的习惯，实际上你的期待又实现了多少。

31

把你的期待告诉学生

既然你确立了更高的期望值，希望学生能做得更好，那你应该向学生说清楚。否则，学生怎么会知道你对他们的期待？

以下面的说法为例：

• "同学们，我仍然希望你们在今天这堂课上能做到自主学习。在过去的几周，我已经了解了你们的成绩，我还想看到你们取得更大的进步。你们依然要记住，在课堂上要自己解决问题，一旦完成任务就提前预习新课，不要等我提醒你们。"

• "唐娜，任务完成得很不错，不过，我认为如果你能加入更多自己的想法，你会做得更好。我知道你可以做到独立思考，我希望在你的作品中看到这一点。试着先头脑风暴，然后选出最有创意的想法，不要想到一个想法就不动脑子了。"

• "干得好，萨米。今天你表现出了真实的自我，一直都在自主学习。这就是正确的学习方式。我相信你在每节课上都可以做到这一点。"

32

坚持让学生论证

如果学生回答了问题，陈述了自己的观点，一定要让他们说明理由。教师可以把这一点变成班级的惯例，通过让学生论证自己的观点来锻炼他们的独立自主能力。为什么呢？

因为学生在论证时需要进行独立思考。学生可以综合使用数据、案例等论据来捍卫观点。没有人能替代他们论证自己的观点，他们必须独立完成。在坚持让学生论证时，你可以这样说：

- 你有什么理由呢？
- 你能证明你刚才说的话吗？
- 我为什么要相信你？
- 你为什么认为这个答案是正确的呢？
- 你有什么证据呢？
- 你能给我举个例子来证明你的观点吗？
- 如果有人不同意你的观点，你怎么说服他们呢？

33

布置专题研究任务

通过进行专题研究，学生可以围绕教师指定的任务提出自己的想法。

下面是专题研究实例：

• 一位地理老师给学生布置了一个专题研究任务：学生需要评估在当地郊区开发一个新的旅游景点的可行性。

• 一位心理学老师给学生布置了一个专题研究任务：学生需要研究青少年群体认同感与遵守群体规范之间的关系。

专题研究往往会涉及各种各样的主题，但有一点保持不变，那就是，教师会给学生一个开放性的任务、有限的支撑材料，然后让他们单独或和团队成员一起完成任务。

在任务结束前，教师可以组织一次反思活动。学生们可以反思自己是怎么开展研究的，是怎么克服困难的，以及从中学到了哪些经验教训。

34

让学生教家长学科知识

如果你能教导他人，那说明无论是在思想上还是在行动上你都已经很独立了。根据这一原则，让学生教家长学科知识是很不错的家庭作业。你可以参考下面不同学科教师布置的家庭作业：

• 你的家庭作业是教家里人解二次方程。下周，你要告诉我你是怎么教的，有什么难点，你是如何克服困难的。

• 你的家庭作业是教爸爸或妈妈创作一个精彩的故事。下节课我想让你汇报一下你是怎么教他们的，他们是怎么做的，你有没有成功教会他们。

• 你的家庭作业是教爸爸或妈妈电磁学的基本知识。你需要一步一步带着他们学习，然后测测他们学得怎么样。下节课你要告诉我你是怎么做的，他们有什么样的反应。

35

条条大路通罗马

要想实现同样的课程学习目标，不同的学生可能会使用不同的方法，这一点我们完全可以预见得到。教师没必要要求所有学生以同样的方式实现学习目标。

教师面向学生提出一个课程学习目标之后，可以提醒学生，他们可以自由选择实现课程学习目标的路径。你可以告诉学生：

"同学们，这是我们今天的学习目标。我希望每个人都能掌握，但如何学取决于你自己。在学习过程中，我会帮助你们，但你们要记住学习的方法不止一种。"

下一步是给学生提供不同的选择。例如，你可以在提出一个课程学习目标后，让学生从独立研究、结对分析、进行小组讨论等方案中进行选择。关键是要向学生讲清楚，在选择目标实现路径上他们有一定的自主权，而你只是引导者，帮助他们实现目标。

36

提升学生的元认知水平

元认知是指对自己思维方式的认识。以我自己为例，在备课时我发现自己总是突然卡住。在思考我的思维方式时，我意识到是因为我没有把课程内容分解好，我要考虑的东西太多了。为了解决这一问题，我把授课内容分成3个部分，重新思考每一部分如何安排，这样做之后，我发现备课突然变得容易多了。

你可以通过教学生如何思考来提升他们的元认知水平。学生可学到关于如何正确思考的策略，进而内化，最终应用，在此过程中，他们变得更加独立自主。提升学生元认知水平的几种方法如下：

• 传授学生解决某一类型问题的方法，一步一步地讲解如何运用这一方法。

• 阐述对某个题目的思考过程。不要直接告诉学生答案，但要告诉他们如何思考这个题目。

• 告诉学生一些记忆工具，如助记符、记忆宫殿法等。

37

翻转学习

"翻转学习"是对传统课堂的彻底颠覆，有利于提高学生学习的自主性。（翻转学习：一种教学方法，指教师的直接教学不再以集体为单位进行。学生通过观看教师制作的视频或参考其他学习资料，各自在家预习新的学习内容，然后在学校的课堂上加以确认与巩固。）

"翻转学习"有两种形式：

• 学生先通过在线阅读文本和观看视频来学习课外知识。然后，学生确定学习内容，教师在课堂上协助学生开展研究工作，深化学生对知识的理解。

• 学生通过计算机学习课内知识。同样，学生也需要在课前观看视频、阅读文本、参加互动活动，即通过自学来掌握相关知识点。在课堂上，教师可以提问题，组织讨论和活动，给学生答疑解惑。

38

为什么这个答案是对的

教师在说出问题后给学生提供一个答案，让他们说说这个答案为什么正确。

通常情况下，教师会告诉学生为什么某个答案正确。然而，当下解释的责任落在了学生的身上。实际上，教师传达的信息很明显：希望学生自己解决问题。

尽量在短时间内重复应用这个技巧，帮助学生养成习惯。你可能会发现，起初，学生不愿意解释。慢慢习惯后，他们就不会再沉默了。

还有一种办法。在学生学习的时候，你在学生中间来回走动，指着他们在书本上记的某些笔记，或者重复他们说过的话，让他们解释。这样做的目的一样。只不过解释的对象不是由教师指定，而是由学生们决定的。

39

为什么这个答案是错的

与前一条相比，我们同样是为了提高学生独立自主的能力，只不过学生需要解释某个答案为什么不正确。我们可以在黑板上写个错误的答案，让学生解释。下面是小学数学课的一个例子：

老师在黑板上写上：$2 \times 10 = 12$ $40 + 4 = 404$ $10 - 2 = 5$

老师：谁能告诉大家为什么这些算式不对？为什么会算错？和同桌讨论30秒，然后我找几个人回答。

每个算式都是一种常见的计算错误。老师不直接说出答案，而是让学生自己找出错误，分析错误的原因，这样学生就能更积极地参与到课堂中来。

40

带着问题来上课

在每节课结束前，花两三分钟简单说说下节课将讲什么内容。每个学生需要在课下想3个与下节课的课程主题相关的问题。

这种技巧颠覆了以往的常规流程，原先的惯例如下：

• 学生到达。

• 教师介绍学习内容。

• 学生学习。

相反，学生对新课产生了不同的期待：

• 来上课时，学生已经研究过要学的内容，掌握了一些知识，并准备提出几个相关的问题。

• 学生与教师、同学分享自己的问题。

• 从很大程度上来说，这节课是围绕学生提出的问题展开的。

教师从学生提出的问题中挑选出3~5个问题。挑选的问题要么与课程主题的相关度高，要么趣味性强，要么代表了大家共同的困惑。随着课程的展开，学生需要在下课铃声响起之前思考并找到问题的答案。

41

5分钟的课程导入活动

传统的课程是这样开始的：

- 学生进教室。

- 欢迎教师。

- 学生坐好。

- 教师口头说明或在黑板上写出课程导入内容。

- 学生开始课程导入活动。

你可以颠覆传统的开课方式，让学生自主决定如何开始学习。以下面几个活动为例，在每节课开始前5分钟，学生们可以这样做：

- 通读上节课留的作业，预测今天上课要讲什么内容。

- 和同桌交换书本，互相评价上节课的作业。

- 对标设定的目标，评估目前状况与自己目标的差距。

- 围绕学习主题，总结3个关键知识点与同学们分享。

- 根据上一节课学到的知识提出一个问题并写出答案。

42

让学生来规划总结会

在课程快要结束时，为什么不挑战一下学生？你可以让学生来规划总结会。这个技巧推动学生认真思考怎样复习与总结才能达到最好的学习效果。

一开始，你需要引导学生搞清楚总的课程学习目标，要让他们时刻关注自己的学习需求和认知需求。

你可以教学生一些命令词来制订总结会的任务，如评估、解释、描述、概述、评定等，以便于他们组织总结会。此外，在制订总结会任务时，学生还可以使用一些问题，例如：

- 如果……
- 如何……
- 什么时候……
- 为什么……
- 谁可以……

最后，你可以让学生们试着总结一下自己的学习情况。

43

鼓励学生寻求反馈

通过你的反馈意见，学生可以了解更多有价值的信息，包括学科知识、思维方式、文化常识，等等。如果学生不是坐等你来反馈，而是开始积极寻求反馈，那就说明他们有自主学习的意识了。

你可以通过以下方式鼓励学生寻求反馈：

• 指定课堂和课外答疑的时间，在这个时间段，学生可以来请教你。

• 给每个学生一张反馈卡，并规定一个时间期限，时间到了就要归还反馈卡（例如在3节课内）。在归还反馈卡之前，学生可以用它来交换反馈意见。

• 当学生进行小组合作时，每个小组指定一个组员担任反馈信息收集者。这个人要找到合适的时机，从教师那里得到有用的反馈意见。

44

调整上课时使用的语言

要注意你和学生在课堂上使用的语言。语言的使用可能提高学生学习的自主性，也可能起到反作用。如果你和学生使用的语言会加强学生的依赖性，那就要重新组织语言。例如：

• 把"我做不到"变成"你现在还做不到，但我第一次也做不到。继续练习吧！你可以的"。

• 把"我告诉你应该怎么办"变成"在我给你讲解之前，你能给我再讲讲问题所在吗？到目前为止，你试过哪些方法来解决这个问题"。

• 把"我总是做不好这件事"变成"你现在还没有做好，不过请告诉我，你需要采取什么步骤才能做好"。

• 把"一定要按照我的方法做"变成"我给你演示一种有效的方法。你可以按我的方法做几次，掌握诀窍后，试试看能不能进一步改进我的方法"。

• 把"告诉我答案吧"变成"告诉我你尝试过哪3种方法，然后我就告诉你答案"。

45

指定学生领袖

我们可以指定一些学生做课代表或学习活动的领导者。现在，我们要挑选出一些学生，让他们承担起相应职责，这样可以把其他学生的注意力从教师身上转移到这些学生身上。

以下是一些例子，说明如何做到这一点：

• 在橄榄球课上，体育老师挑选了3名学生作为小组长。他们都是技术纯熟的橄榄球运动员。在比赛之前，他们带着球员们一起训练。

• 在写作课上，老师选出5名学生分别担任5个学习小组的组长。每个小组要完成不同的任务。组长要带领团队完成任务。

• 在心理课上，老师选了4名同学做学习代表。学生如果有问题、有疑惑或者想寻求建议，他们首先要向这几个学习代表求助。

第二章

帮助学生摆脱"我不知道"的思维模式

46

距离效应

比较下面两个问题：

• 你觉得这个产品怎么样？

• 你觉得附近商店的老板认为这个产品怎么样？销售同类产品的女老板会怎么看呢？

相比前者，后者发挥了距离效应。通过这种提问方式，人们不会直接表达对某个事物的看法，仿佛这个事物与自己毫无关联。教师面向学生这样提问时会拉开学生与问题涉及主题之间的距离，那么，学生回答问题时就不会有太多顾忌。

我们不要求学生说出自己的想法，而是让他们站在别人的角度思考问题。在上面的例子中，老师告诉学生，目前我们不想知道他们自己对产品的看法，我们希望他们思考别人会怎么想。

这种提问方式可以帮助学生敞开心扉，谈论一些曾经不愿和其他人分享的个人经历或想法。

老师可以根据学生的回答进一步提问。在互动结束时，老师让学生说说自己的想法并这样问道：

那么，根据我们的讨论、商店老板和另一个女老板可能的观点，你认为这个产品怎么样？

47

问题中加上"可能"二字

让我们看看以下两个问题：

• 什么是成功？

• 成功可能是什么？

加上"可能"二字后，第二个问题就具有了不确定性。学生就会明白，这个问题或许有很多个答案。这意味着他们的回答会是讨论的开始，而不是终结。

以上两个问题是两种不同类型的问题。第一类问题通常很有用，往往也很有必要，特别是当我们想检查学生对知识的掌握程度的时候。不过，第二类问题可以开阔学生的思路，让学生有机会给出不同答案，并进一步讨论和拓展观点。

这个方法有3种用法：

第一，如果问了第一种类型的问题，但没有学生回答，那就重新组织一下语言，把"可能"这个词用上，学生回答这类问题往往更踊跃，他们的回答会更精彩。

第二，如果你想避免学生回答"我不知道"，那就直接提出第二类问题，在问题里加上"可能"这个词。

第三，当提出带有"可能"二字的问题时，你要提醒学生问题答案的不确定性。你可以先给个回答作为示范，让学生知道该如何打开思路。

48

给学生提示

给学生提示并不是直接给学生说答案，而是要引导学生思考，除了说"我不知道"，他们还能关注哪些地方、做什么来找答案。这样的话，你也不一定要改变原来的问题。简而言之，给学生提示就是想方法引导学生，帮助他们想到答案。

以下面的对话为例：

老师：你认为"奢侈"这个词可能是什么意思？

学生：我不知道。

老师：上次我们也碰到了一个不理解的词，当时我们是怎么做的？

学生：我想起来了，我们仔细看了整个句子，根据句子的意思猜测这个词的意思。

老师：没错。这次我们能用那个办法吗？

学生：稍等，让我再看看这句话。

注意一下在上面的例子中老师是如何提示学生的。这位老师先是让学生回想过去行之有效的办法，接着提示学生现在可以试试那个办法。

类似的提示可以让学生不再纠结于"我不知道"，转而思考他们可以采取的行动并回顾已经掌握的方法。然后，他们能够利用已经掌握的方法来回答先前提出的问题。

给学生线索

给学生线索和给学生提示这两种方法很接近，但也有明显的不同，所以要单独来讲。

给学生提示是指教师通过提出问题，帮助学生以某种方式思考，而提供线索则是更直接地帮助学生回答问题。二者都为学生提供了一定的前进阶梯，都有助于学生克服说"我不知道"的惯性。但这两个方法让学生承担的压力不同，教师给出的线索往往与问题的答案直接相关，所以后者相对来说更大程度地缓解了学生的压力，学生往往会更轻松地解答出问题。

下面是一个"教师给学生提供线索"的实例：

老师：合乎逻辑的论证有什么特点？

学生：我不知道。

老师：看一下结论部分。

学生：嗯……我觉得结论部分的观点总结得很清晰。

老师：如果你想有条理地总结观点，你需要合乎逻辑的论证过程吗？

学生：是的，可能需要。所以我认为合乎逻辑的论证需要结论部分观点明确。

注意一下老师是怎么给学生提供线索的，学生顺着线索重新审视了问题。第一条线索将学生的注意力引导到特定的地方，而第二条线索则引导学生得出一个答案。

你可能注意到了，给学生线索和给学生提示并不是泾渭分明的两种方法，但确实有所区别。通过提供线索，老师给了学生更多帮助。为了加深印象，你可以花点时间比较一下这两种方法所举的例子。

50

给学生启发

给学生启发与给学生提示或线索有共同之处，同时又有所不同。教师通过给学生启发，在帮助学生解答问题时做得更多。让我们看一个例子（可以与给学生提示和给学生线索这两个部分中的例子进行对比）：

老师：你对原文有什么看法？

学生：我不知道。

老师：你能告诉我作者是谁吗？

学生：这里写着"塞缪尔·佩皮斯"。

老师：你认为他是想让人们知道这场火灾，还是想记下来自己日后看？或者两者兼而有之？

学生：嗯，这是个重大事件，不是吗？所以他可能认为他应该记录下来。

在这个例子里，我们看到老师先后两次启发学生该如何思考这个问题。第一次启发很具体，学生很容易就能找到答案。第二次启发时，老师提供了3个答案供学生选择。紧接着，学生就明确了答案。

51

预留等待时间

你提出问题后，要稍微等等，给学生一定的思考时间。在这段时间里，学生可以分析这个问题，回想以前的知识，并想出一个答案。有些学生虽然喜欢立马回答问题，但他们给出的答案可能并不是最好的，因为他们没有花足够的时间仔细思考。

预留一定的等待时间很重要，可以让学生充分利用这段时间来完善答案。留出等待时间后，学生更有可能回答出问题。就算他们不回答，你也知道他们有足够的时间来考虑如何作答。

你可以这样明确说明让学生等多长时间：

• "同学们，先用30秒时间静静思考，然后我会叫你们分享自己的想法。"

• "先想一想，山姆，我一会儿回来听听你的想法。"

• "就是那个问题。好好想想。深思熟虑后再回答。"

52

思考—分组—分享

这个技巧综合了预留等待时间和减少认知负荷二者的好处（这样学生一次只需要做一件事，不用同时做几件事）。以下面的对话为例，看看教师怎么在课堂上使用这个技巧。

老师：澳大利亚和英国最大的区别是什么？我给你们30秒的时间思考。然后两人一组，用大约1分钟的时间分享自己的想法。然后我会选择几组同学在全班同学面前分享他们的想法。

关于该技巧，这里有几点需要说明。

第一，思考时间就是等待时间。在这段时间，学生可以认真思考问题，不断完善自己的想法，然后组织好语言，确定自己的答案。

第二，结对讨论的时间是为了让学生有机会听听同龄人的想法，让学生在一个相对安全、没有紧迫感的空间里进一步完善自己的想法。

第三，预留问题回答的时间能把学生的思考过程和表达过程分开。学生能集中精力，一次只干一件事。这意味着学生可以在不同时间段有效利用工作记忆处理信息。

第四，如果在"分享"环节还有学生说"我不知道"，我们可以立即问问他们和搭档讨论时说了什么，这就意味着，他们肯定有一些可以和班里同学分享的想法。

53

静静思考

在介绍"预留等待时间"这一技巧中，我们提到了要让学生"静静思考"。现在我们可以进一步深入探讨这一做法。这一做法意味着要让学生明确，他们可以在某一个具体的时间段把其他事情停下来，给认真思考问题空出一定的时间。

有些学生需要花更长的时间才能适应这一做法。为了帮助他们尽快适应，在第一次使用这个技巧的时候，要向学生解释"静静思考"的作用。例如，你可以这么说（面向全班同学）：

"有时候，在我提问后，我会给大家一段静静思考的时间，请大家认真考虑你要和搭档、我或全班同学分享什么样的答案。空出这样一段时间，大家就有机会真正深入思考问题，而不是想到什么就说什么。这样的思考时间有助于我们更好地思考，并打磨出更优质的答案。"

54

与搭档讨论问题

比较一下下面两个课堂上的场景：

场景一：老师向全班同学提出一个问题。然后老师让一个学生来回答。这个学生耸耸肩，说："我不知道。"

场景二：老师向全班同学提出一个问题，接着说："给你们30秒时间，和搭档讨论一下。"过了30秒后，老师选一对搭档，让他们说说自己的想法。

在第二种情况下，学生总会有话说。也就是说，他们可以说刚才讨论的内容。如果学生回答"我不知道"，你也可以立马反问一句："你和搭档是怎么说的？"

对于这个问题，这个学生不太可能说"我不知道"。当然，他们可能会说，他和搭档都没有弄懂这个问题，所以没有讨论这个问题。但学生即便这样回答，也比说"我不知道"好。我们可以再选一对搭档，让他们解释一下，帮助同学们理解这个问题。

学生说出问题答案之后，你还可以向学生提几个相关问题，以下面的问题为例：

- "吉米，你能告诉我们海伦对这个问题有什么看法吗？"

- "法蒂玛，你和凯尔首先谈论的是什么？"

- "迪娜，你们讨论时认为最重要的事情是什么？"

55

把想法写下来

提问后，除了让学生口头分享自己的想法，你还可以让学生把想到的都写下来。这一方法和"预留等待时间"差不多，只是略有不同。下面举了一个真实的例子：

老师：有个橄榄球运动员，他的肱二头肌撕裂了，他应该怎么康复？花几分钟时间思考这个问题，把你想到的尽可能详细地写下来。我随时告知你们还剩多长时间。

在上面的例子里，老师给了学生思考的时间，也给了他们用笔来记录的时间。这样做有3个目的。首先，这意味着学生可以充分利用工作记忆来观察、分析、反思记录下的想法。其次，这意味着所有学生在思考时间结束时都有话可讲，因为他们都做了记录。最后，老师有机会观察班里的学生，如果发现有人什么都没有记录，老师可以进行适当的干预，可以提更细的问题，可以给线索或提示。

56

把想法画出来

除了把想法写下来，学生们还可以把想法画出来。这很有趣，可以让学生以完全不同的方式来解读问题。这样做，学生就不可能回答说"我不知道"，不过他们有可能会说"我不知道该画什么"。如果学生不知道该画什么，你同样可以提示学生，给学生线索，也可以启发学生。此外，你还可以用另外一个学生的画做示范。

下面这些例子就使用了这一技巧：

• 麦克白现在感觉如何？用60秒时间把你的想法画出来。

• 你能预测下一步会发生什么吗？把你的想法画出来，然后和搭档分享一下。

• 你的想法比别人的更有说服力吗？在纸上把你的想法画出来。

• 我们如何解决这个问题？和搭档聊一聊，把可行的解决方案画出来。

• 如果《1832年改革法案》没有通过，可能会产生什么影响？把你的想法画出来，如果可以的话，做成图表。

57

不要面向全班学生提问

许多教师经常面向全班学生提问，这是教师常犯的一个错误。例如：

老师站在全班学生面前，向所有学生提出了一个问题：该怎么准确描述从城市搬到乡村的人们？

结果班级是湖面一样的平静，没人主动回答问题。等了30秒后，老师点了一个学生。

老师：玛丽亚，你能告诉我们答案吗？

学生：我不知道。

以这种方式向全班学生提问，师生互动效果不佳，学生往往会像玛丽亚那样回应。

当你提问时，一定要有针对性，或者要补充细节，明确告诉学生应该怎么做。可以用下面几种形式提问：

• 该怎么准确描述从城市搬到乡村的人们？给你们30秒时间和搭档讨论，然后我会让一些学生回答。

• 该怎么准确描述从城市搬到乡村的人们？玛丽亚，花30秒想一想，然后告诉我们你的想法，或者可以向其他同学求助。

　　● 该怎么准确描述从城市搬到乡村的人们？花30秒静静思考，然后我会挑3个人回答。

58

明确相关规则

规则规范行为。深处社会这个大环境，我们都要遵守规则。这些规则，有些成文，有些不成文，无论成文与否，它们都规范着人与人的互动方式。

在课堂上，学生要遵守许多显性或隐性的规则。

你可以用规则来避免学生说出"我不知道"。以下面3种做法为例：

• 直接明确一个规则：在这个教室里不能说"我不知道"，只能说"我暂时还不知道，需要再想想"或者"我需要你帮我找到答案"。

• 就算学生们真的不知道怎么回答问题，你也要教他们学会做出积极的回应。你可以让学生这样应对教师提出的问题：如果不知道怎么回答一个问题，先自己找答案，然后再向同伴求助，如果还解答不了，他们就可以让老师提供线索。

• 你也可以教学生学会分析问题，帮助他们找到答案。你可以告诉学生，如果他们真的不知道问题的答案，首先要想想关于这个问题他们都知道些什么。然后，看看能不能运用已经掌握的知识更好地理解问题。最后，试着把已经掌握的知识和问题的答案联系起来。

59

演练回答

很多学生回答"我不知道"，原因之一是他们被问了个措手不及。在这种情况下，许多学生不愿意冒说错答案的风险，所以"我不知道"就成了他们脱口而出的回答。

演练回答就可以避免这个问题。对于那些缺乏自信或者很难一次性清晰表达自己想法的学生来说，提前演练一下特别有用。主要有两个办法。

• 给全班同学提个问题，两人一组，然后说："现在大家先用30秒时间讨论你们的想法，然后用30秒时间做好演练和模拟回答。"在这里，我们指导学生从固定的流程化问答的角度来进行演练。等到他们分享的时候，他们已经准备好如何回答了。

• 整体和上面差不多，差别在于只让某些学生提前练习。也就是说，你只让能最大限度地建立起信心的那部分学生提前演练。表达能力不太强的学生就是很典型的例子。在正式分享前，他们如果能够提前演练一下，那么会更有自信。

60

一开始就给个示例

你可以在提问后给学生一个答案示例，他们可以模仿、借鉴。有些学生可能会回答"我不知道"，有了示例后，他们就可以模仿它来回答问题。当然，对学生而言，模仿显然不是最理想的状态，模仿也不可能是终点，但模仿确实是个很好的开始，因为他们现在可以和你进一步展开讨论了。以下面为例：

老师：为什么社会学家认为社会阶层是在调查中最重要的考虑因素之一？你可能会认为，因为所处的社会阶层会影响一个人的住所和消费情况，所以社会学家认为其比大多数事情更重要。和搭档讨论一下，梳理一下你的想法。

在上面的例子里，老师提供了一个问题回答的角度，学生们可以从这个角度开始讨论。这样就降低了学生说"我不知道"的可能性，因为他们至少知道老师说的那个答案。

61

讨论有争议的话题

如果某件事引起争议，那就说明人们对这件事的看法不一，没有一种观点占主导地位。此外，人们还会争论这些观点的合理性，他们往往会反对或全盘否定其他人的观点。

在课堂上，你要谨慎处理有争议的话题。有争议的话题往往是辩论的好材料。有争议的话题所蕴含的分歧往往会让学生选择某个立场，并为之辩护。出于这个原因，有争议的话题常常会让学生把说"我不知道"的念头抛到一边。大部分学生有明确的立场，很少有学生完全没立场。

不过，有争议的话题也有个弊端，即会造成学生的不和谐。当你在课堂上开启一个有争议的话题时，一定要事先和学生讲清楚，向学生强调，不管讨论什么话题，礼貌和尊重都是最重要的，讨论的重点是推理、论证、举例，避免武断，也不要直接否定其他人的观点。

62

扮演助产士的角色

助产士帮助孕妇分娩。那么，教师扮演助产士的角色，是指教师引导学生提出想法。对于表达能力不强或者因为害怕犯错而不愿意表达的学生来说，"助产士"这一角色发挥着重要的作用。

助产士式的问题包括：

- 你那句话是什么意思？

- 你能告诉我你的想法吗？

- 我明白了，你的意思是不是……

- 你还有什么想法呢？

- 你觉得刚才那位同学的回答怎么样？你同意吗？

- 要回答这个问题，我需要知道什么？

- 你为什么不告诉我你觉得什么问题比较棘手呢？

- 你觉得我们可以一起回答这个问题吗？

- 我们在哪里能找到答案呢？

其中一些问题可以作为对学生回答"我不知道"的回应。而其他问题可以帮助学生进一步完善回答。坚持进行助产士式提问有一个好处：能让学生在未来公开分享时更有信心。学生知道，不管他们怎么回答，你都会给他们反馈，帮他们拓展思维，会大大削弱他们说"我不知道"的动机。

63

你以前学过什么

思考一下下面的对话：

老师：我们怎样计算这个形状的面积呢？

学生：我不知道。

老师：好，你以前学过什么？我们学过如何计算不同形状的面积，你能告诉我你掌握的知识吗？

学生：嗯……计算矩形的面积很容易，只要把两边边长相乘就可以了。

老师：很好，没错。在这个图形里你能看到矩形吗？

学生：哦，是的，中间部分是一个矩形。

在这个例子中，老师没有因为学生回答"我不知道"就不追问了。相反，他已经做好听到这一句话的准备。他这时候追问学生"你以前学过什么"，会促使他们回想已经掌握的知识。

这样学生的思考方向就对了。老师巧妙地把学生的注意力从他们不知道如何解答问题的想法上转移开来，让他们回想自己已经掌握的知识，然后再通过提示，引导学生应用掌握的知识来解决问题。

64

考虑学生的知识储备

在提问时考虑学生的知识储备可以启迪他们找到答案。由于他们现有的知识储备处于他们头脑的前沿，他们更轻易地将其与你提出的任何问题建立联系。与之形成对比的是，当学生无法将你提出的问题与他们已知的知识联系在一起时，一些学生会回答"我不知道"。

这一技巧意味着你要向学生伸出援助之手，从学生已经掌握的知识出发，扩展他们的思维，从而引导学生回答问题。可以尝试下面3个技巧：

• 在黑板上写出一些关键词，这些关键词与学生学过的知识点相关。抛出问题，鼓励学生从这些关键词出发来思考。

• 介绍一个课程主题，让学生画个网状图，把他们掌握的相关知识点都写进去。学生可以自己或两人一组画图，也可以全班一起画。提出一个问题，鼓励学生借助网状图来回答问题。

• 提出有关联的系列问题，前几个问题侧重于让学生思考已经理解和掌握的知识，后几个问题侧重于关注新的知识点。这样的话，学生能够看出二者之间的联系。

65

考虑学生已有的观点

大多数人对大部分话题都有明确的观点。

提问时考虑学生已有的观点意味着教师可以用学生熟悉的话题来引出问题。这样的话，学生的参与度更高，更有可能回答出问题。

例如，在课程主题为"信念在宗教信仰中的作用"的课上，一开始我们可以向学生提出这样的问题：

• 你认为你应该对朋友和家人有信心吗？为什么？

• 为什么有些球队一直输，但球迷还对球队这么有信心呢？

以上问题将学生引入熟悉的领域，有助于学生理解"信念"的含义与重要性。对于类似问题，学生往往不会回答"我不知道"，而是说出自己的观点。已有的观点是个起点，可以让学生积极投入课堂，参与讨论。教师可以在提问时充分考虑学生已有的观点，逐步带领学生了解其他领域（比如上面例子中提到的宗教信仰），从而掌握相关知识点。

66

问问别人的看法

教师提出的很多问题往往都没有固定的答案。与封闭式问题相比，开放式问题更是如此。当然，并不是每门课都是这样。不过，这是个很有趣的起点，可以让学生摆脱"我不知道"的固定思维。具体流程是这样的：

你需要向全班同学提一个问题，设定一定的思考时间，然后说："好了，你们现在有两分钟的时间，需要至少采访3个学生，问问他们对这个问题的看法。"说完后，学生们就站起来，四处走动，向不同的学生提问。

过程很简单！这样我们就能保证每个学生都能回答出问题。答案可以是他们自己想出来的，也可以是别人说的。无论如何，他们都有自己可以分享的想法。在这个互动过程中，你再也听不到"我不知道"了。同时，学生在回答问题之前还可以听取不同观点，如果不询问别人的看法，他们自己恐怕想不出全面的答案。

评价其他学生的答案

你的班上可能有一些学生缺乏信心，难以表达自己的想法，或者根本就不想分享自己的想法。鼓励这些学生评价其他学生的答案不失为教师引导他们参与讨论的一个好方法。他们不需要分享自己对问题的看法，只要评价听到的答案就行了。这一变化一定程度上减轻了学生因为公开发言所产生的心理负担。以下面的对话为例：

老师：这样设计这个产品为什么不太可行？

特里：看起来你好像没有遵循"设计要对用户友好"这一原则。你过于重视这项设计好不好看了。

老师：西蒙妮，你觉得特里回答得怎么样？你同意吗？

西蒙妮：我同意。那个灯罩使得开关灯都有了一定的难度。

在这个案例中，西蒙妮通过评价特里的回答从而参与到讨论中来。她的立场很坚定，十分自信地发表了评论。如果她当时回答"我不知道"，老师可以向全班同学提出这个问题，告诉他们："30秒，和搭档讨论一下，你同意特里的回答吗？"然后，再试着问西蒙妮一次。

68

评价教师的答案

与上一条稍有不同，你也可以自己说一个答案，让学生们评价。同样，这样做是为了减轻学生因为必须回答问题所产生的的心理负担，转而引导他们将注意力放在你给的答案上。以下文为例：

老师：粥不是金发姑娘的，她为什么还要尝呢？是因为她真的饿了吗？沙米拉，你觉得这个答案怎么样？

下面是另一个选自高年级课堂的例子：

老师：财富的社会分配不均，这一现象合理吗？有人认为是合理的。因为在资本主义社会，只有财富分配不均，资本主义才能有效运转，社会才能进步，绝大多数人才会比历史上任何时期都过得好。迪恩，你觉得这个答案怎么样？你能发现关于财富分配不均的哪些优缺点？

在第二个例子中，老师在白板上呈现所说的答案，给学生留更长的时间来分析、思考问题。

69

给我说个错误的答案

这个技巧颠覆了"我提问题，你回答"的传统做法。我们不让学生思考和说出正确答案，相反，我们要求他们集中注意力想个错误答案出来。例如：

老师：海岸侵蚀是如何影响海滨城镇是否扩建的决策过程的？这个问题有什么错误的答案？给你60秒时间，和你的搭档讨论一下，准备好解释你的想法。

学生："海岸侵蚀对海滨城镇是否扩建的决策没有任何影响"就是一个错误的答案，因为规划人员必须考虑到未来10年海岸线的变化。

老师：回答得很有深度，桑德拉。汤米，你呢？

学生：嗯，我和阿布觉得，如果回答"海滨城镇规划不需要担心海岸侵蚀"，那这个答案是错的。因为海边城镇规划取决于城镇所在海岸的类型，也取决于城镇离悬崖有多远。

这种技巧和常用方法不同，可以让学生以不同的方式思考，对他们很有吸引力，而且教师听到"我不知道"的概率会大大降低。

70

提一个问题

我们在前面提到过教师可以制订关于避免学生回答"我不知道"的规则（第58条）。你还可以用另外一个规则促使学生在不知道答案的时候积极回应你的提问，这个规则是：

在课堂上，如果学生不知道一个问题的答案，那么他们可以通过提问来找到答案。

制订这条规则意味着，我们必须承认，有时候学生确实不知道问题的答案，但这不应该成为他们放弃思考的理由。相反，在学生不知道答案的情况下，教师可以激励他们积极主动地寻找答案。在实践中，这一规则的运用可能是这样的：

老师：肯尼迪的演讲有多大的说服力？

学生：我不……呃……等一下……请提醒我肯尼迪是面向谁演讲的，好吗？

老师：他是在面对美国大众演讲，同时也在面向俄罗斯领导人演讲。

学生：哦，是的，没错。我认为，相比俄罗斯人，这次演讲对美国公众的说服力更强。

当学生不知道答案时，要让他们养成提问的习惯，这样他们才能逐渐掌控个人的学习情况，提高学习的自主性。

71

犯错是有益的

为什么呢？因为我们可以从错误中吸取教训。通过错误，人们会知道什么样的做法行不通，也会知道犯错的原因。我们可以利用这些信息调整未来的做事方法。犯错给学生提供了学习、成长和发展的机会，所以教师应该让学生明白犯错是有益的。

在提问环节，我们要给学生传递的关键信息是：他们不应该害怕犯错。你要让学生们明白，就算他们的回答是错误的，这也为他们自己甚至全班同学提供了学习的机会。

你可以通过以下方法来强化学生的这一观念：

• 当学生犯错的时候，感谢学生。

• 教育学生不要害怕犯错。

• 应该给错误正名，改为"有益的错误"。

• 要告诉学生可以从错误中学到什么。

• 与全班同学分享常见的误解，并说明为什么会出现这些错误，以及未来如何避免犯同样的错误。

72

书面对话

极少数情况下，班上可能会有那么一个学生，不管你尽多大努力，他就是不愿意和你或全班同学口头分享任何观点。学生的这种行为背后往往有深层次的心理原因。为了不让你或同龄人要求他们在人前做分享，他们很可能会用"我不知道"作为防御机制来转移其他人的注意力。

在面向这些学生时，我们必须注意他们的实际情况，以其他形式支持他们，帮助他们思考，文字就是一种备选方案。

不要口头向这些学生提问，在开展活动时，找点时间把问题写下来，你可以记在学生的书上，也可以写在纸上。告诉学生你想知道他们的想法，待会你会回来读他们写下的想法。在上课的过程中，你们可以继续进行书面对话。

在使用这种技巧时，你需要综合考虑学生的性格。对于有些学生，你可能需要提前进行解释，一定要向他们说清楚你打算做什么，为什么要这么做，为什么你认为书面交流是一个促进师生互动的好办法。

73

可供选择的答案

想想这个例子：

老师：12乘100等于多少？你认为以下哪个答案对？

答案一：1200

答案二：120

答案三：12000

答案四：1212

在这种情况下，老师会给出几个答案，供学生选择，从而大大降低了他们回答"我不知道"的可能性。学生可以思考这几个答案正确与否。虽然他们不需要自己想出答案来，但他们需要根据问题比较不同的答案，从中找出正确的那一个，同时还要知道那个答案为什么正确。

这种方法还有一个好处，那就是：你可以把常见的错误答案放到选项里，观察哪些学生会犯同类错误，然后教他们如何避免犯类似的错误。

最后，你如果想增加任务的难度，可以多列一些选项，限定一到两个正确答案，也可以压根不列出正确答案。这样学生找到正确答案的过程就更加复杂了，他们也不能理所当然地以为确定一个答案选项就解决了问题。

74

学生能回答什么问题

一节课已经上了一半，老师正在考察一个学生知识点掌握得怎么样。头几个问题学生都回答对了，但有一个问题，学生回答说"我不知道"。

这位老师有点坐立不安，感觉讨论进行不下去了，于是他说道："好吧，说说看，关于这个知识点，你可以回答什么问题，举一个例子。"这样老师成功避开了"我不知道"可能给讨论带来的障碍。他给了学生一个机会，让讨论可以继续顺利地进行下去。然后，老师可以更好地评估学生知识掌握的情况，包括学生已经掌握的以及还存在理解偏差的知识点，通过给予指导、提出建议、继续提问，帮助学生纠正理解中的偏差。

这个技巧的应用范围很广。例如：

老师：我们怎么解读威廉的话？

学生：我不知道。

老师：好的，告诉我，关于消息来源的解读你会回答什么问题？

学生：嗯……消息来源是否可靠？

老师：很好。那么，这段话的消息来源可靠吗？

75

问题要更加明确

有时候，学生回答"我不知道"，是因为你提出的问题太模糊、不明确或者过于抽象。面对不确定性因素，他们不想冒着说错答案的风险，而是马上进入防御模式，直接说"我不知道"。

如果你感觉存在这种情况，那就把问题说得更具体一些，避免出现上面的问题，可以使用下面的方法：

• 重新措辞，让问题简单些。例如，可以减少用词，少用太复杂的词汇。

• 围绕主题更具体的方面来提问。从具体的问题入手，慢慢引导学生思考更为抽象的问题。

• 举例说明你的意思。如果学生还不明确，再举一个例子，这个例子最好和第一个例子完全不同，这样才有价值。

• 可以说"等等，让我换个方式来问……"，发出这样的信号后，学生就明白，你是在努力简化问题，便于他们理解。这样可以引导他们积极看待新提出的问题。

76

匹配问题和答案

这个技巧适合面向全班学生使用，可以彻底改变传统的问答模式，完全避免学生回答"我不知道"的可能性。

确定一个课程主题，准备一些写着问题和答案的小纸条。确保每个人至少可以拿到一张纸条。例如，如果班里有30个学生，那就准备15个问题和15个对应的答案，将问题和答案打印在一张纸上，剪成小纸条。

活动开始后，把纸条打乱，发下去。这样一半学生手里的纸条写着问题，另一半学生手里的纸条写着答案。给学生5分钟的时间找有对应答案或对应问题的学生。接下来，学生们开始移动位置、讨论、交流。

学生们都找好搭档后，让他们结对讨论为什么手里的问题和答案能够匹配起来。念出问题，让学生说出正确答案并解释原因。你还可以让学生给手里的答案再想些问题，也可以给手里的问题再想些答案，从而拓展他们的思维。

77

告诉我怎样才能弄清楚

在学生回答"我不知道"后，你可以提问学生：怎样才能弄清楚这个问题？这个技巧把学生的注意力从"不知道、永远不会知道"转移到"可以知道、可以找出答案"上来，相当于学生把起初以为的障碍（我不知道）变成了探索的起点（我怎样才能找到答案）。可以看看以下对话：

老师：这个照片中为什么没有人呢？

学生：我不知道。

教师：好的，我们怎么才能弄清楚呢？关于这张照片我们能提什么问题？

学生：嗯……谁拍的照片？

老师：说得不错，让我们一起看看。顺便问一下，为什么你觉得这个问题能帮助我们找到答案呢？

从上面的对话中我们可以看出，老师强调了认真思考学习任务的重要性（从最后那个探究性问题可以看出这一点），同时给了学生一个把控问答情景的机会，增强了学生的能动性，引导他们找出问题的答案。

你同意谁的观点

想象一下，如果班里有个学生，不爱说话，听课很认真，但没有自信，不善于表达自己的观点，我们要求这个学生面向全班同学分享自己的想法，他很可能会回答"我不知道"，以这种方式避免谈论自己的观点。

在这种情况下，你可以问一下这个学生"你同意谁的观点"，引导他给课堂讨论提供有用信息。以下文为例：

老师：其他星球上有生命吗？

马克：不可能，老师。如果其他星球上有生命，为什么我们到现在还不知道呢？他们完全有时间来地球参观呀！

艾米：是的，但也许你低估了宇宙的浩瀚。我们确实能看到数百万光年之外的东西，但这并不意味着外星人真的可以飞行那么远。

老师：贝诺特，你有什么想法？你同意谁的回答，马克的还是艾米的？

贝诺特：我想我也许同意艾米说的吧。就算其他星球上可能有生命，他们也不一定能从他们的星球飞到地球上来。

我们如何完善这个答案

这个技巧是前一技巧的变化形式。我们不要求学生回答同意谁的观点，而是让他们思考如何完善答案。同样，这样做旨在让学生克服信心不足以及害怕当众分享个人观点的胆怯心理，积极参与讨论。本技巧的一种应用方法是直接指定某个同学回答问题，例如：

老师：马尔塞拉解释了为什么她觉得弗洛伊德的理论提供了关于潜意识如何运转的最佳描述。丹尼尔，我们怎么完善马尔塞拉的答案呢？

还有种方法可以让每个学生都有机会参与，那就是把问题抛给全班同学，例如：

老师：刚刚杰拉尔德解释了为什么他觉得最好通过试错法来完善食谱。针对更为具体的情形，我们如何完善杰拉尔德的答案呢？30秒时间，和同桌讨论一下，现在开始吧。

不管是哪种情况，学生都可以把另一个学生的答案作为跳板，进一步讨论、拓展观点。

把主题提炼出来

所有问题都有主题，主题往往是和问题到底是问什么有关。我们要把其他元素去掉，把主题提炼出来。例如：

- 问题：维京人的遗产是什么？
- 提炼的主题：维京人的遗产。

再比如：

- 问题：你能告诉我分数如何相乘吗？
- 提炼的主题：分数的乘法。

当然了，有些问题可能有多个主题，不管是一个主题，还是多个主题，我们都可以把主题从问题中提炼出来。

一旦提炼出主题，我们就可以通过提出更宽泛的问题和学生谈论这个主题。例如，如果问题是"维京人的遗产是什么"，学生可能回答"我不知道"。但是如果把主题提炼出来，我们就可以问问学生"关于维京人，你知道多少"或"什么是遗产"。和之前相比，同一个学生可能会表现得完全不同。

81

把问题写下来

　　这个技巧人人皆知，但却没有引起人们的重视。如果你向学生提出一个问题，他们回答"我不知道"，那就请他们把问题写下来。以下述为例：

　　老师：带状聚落和核心聚落的关键区别是什么？

　　学生：我不知道。

　　老师：好的，我现在把问题再重复一遍，你把这个问题写下来。接下来给你几分钟时间挑战一下自己，试着找到答案。

　　问题写下来后，学生就可以深入思考、分析。在这个例子中，老师给了学生几分钟时间来思考答案。此外，老师还可以建议学生翻看笔记或课本、与其他学生讨论等，给他们指出努力的方向。

　　通过这种方式，学生有机会深入思考问题，克服说"我不知道"的习惯，靠自己的力量解答问题。

82

证明答案的正确性

如果学生暂时无法回答你的问题，那为什么不给他们先说一个答案，让他们来证明呢？在这种情况下，学生要做的是找到理由、证据和例子来证明你的答案。你提供的答案是学生思考你所提问题的起点。以下文为例：

老师：把这首诗看作是对生命短暂的思考，这样解读是正确的吗？

学生：我不知道。

老师：好的，我先说说我的答案。这首诗没有那么深刻，就是说一个人错过了火车，很烦恼。现在，花30秒的时间和同桌讨论一下，看看用什么证据能证明我的答案。

请注意，使用了这个技巧后，对话内容就彻底变了。学生不用回答原来的问题了，他们要做的事情完全变了，变成要完成另一个任务。原来的问题没能激发他们开始思考，而后面的任务做到了这一点。

83

给搭档一个答案

传统的问答模式是教师提问、学生回答，这一方式还可以调整为：教师提问后学生要给搭档想一个答案。

例如，我们可以面向全班同学问一个问题，然后说："用30秒的时间静静思考，两人一组，每个人给搭档想一个答案，等时间到了，把答案写下来，和搭档交换一下，然后讨论。"

这样的调整改变了问答环节的形式，且有助于提高学生的积极性和参与度。这样做的话，学生就会置于一定的环境压力之下。虽然他们不必为自己想答案，但要为别人想答案。因为学生要和搭档互相交换答案，所以他们不太可能在讨论问题时说"我不知道"。

最后，还要注意的是，在讨论阶段，当学生们谈论他们给对方的答案时，在与你或班级的其他人分享之前他们有机会继续完善自己的想法，然后再进行分享。

84

把问题分解

分解问题可以降低问题的难度，帮助学生回答。举例如下：

老师：如何从观众的角度描述罗密欧和朱丽叶之间的关系？

学生：我不知道。

老师：好的，我们试着把问题拆分一下。哪些场景对观众的影响最大？

在这个例子中，老师采取了让步措施，提出了一个更简单的问题，再加上其他问题，学生应该能够逐渐积累相关知识，来回答第一个问题。老师接下来可能会提出的问题包括：

• 罗密欧和朱丽叶是如何交谈的？

• 观众看到他们在一起时会产生什么样的情绪？

• 这出戏剧的结局重要吗？

针对先前更复杂的问题，老师通过提出4个稍微简单些的问题，帮助学生在回答出这些问题的基础上形成对最初问题的见解，从而摆脱"我不知道"的想法。

85

想象一下，如果……

在上课时，老师可能会在黑板上写出以下问题：

• 我们如何检验这个理论的正确性？

我们知道，一些学生可能会回答"我不知道"，从而导致讨论没法继续进行下去。如果你觉得学生可能做出这样的反应，那我们可以用"想象一下，如果……"这样的句式来提问，以增加学生回答出问题的可能性。例如：

• 想象一下，如果不计较花费，我们怎么检验这个理论？

• 想象一下，如果必须同时用两个实验来测试这个理论。该用哪两个实验呢？

• 想象一下，如果这个问题略有不同，该怎么办呢？问题是：我们如何确定这个理论是错误的？

上面几个问题都改变了学生的思维方向，让学生从不同的角度来思考原来的问题。这样做很可能帮助他们摆脱"我不知道"的惯性思维。

86

口头试错

如果学生因为害怕犯错而不愿意分享答案或觉得犯错的代价太高，那我们该如何帮他们改变这个看法呢？

你可以用语言来示范何为口头试错，然后鼓励学生跟随你的脚步。这样做有几个目的。首先，你可以向学生说明犯错不是坏事。相反，犯错通常是人们迈上成功之路的重要一步。试错是最基本的一种学习方法。试错法可以用于聆听、发言，也适用于阅读、写作、表演。

其次，你可以给学生示范回答问题时如何试错。他们可以照搬、仿效你，这样他们在分享答案时就更有信心，同时可以学会完善答案的技巧。

最后，你还可以给出一个答案，然后教学生如何通过试错来得出这个答案。这样做可以帮助学生批判性地反思自己的思维，从而提高学生的元认知能力。

87

提出更具体的问题

可以想象一个"问题光谱"，一端是具体问题，一端是抽象问题。课堂上的所有问题都在这个"问题光谱"上。

具体问题往往与知识、理解和应用有关，关注事实。抽象问题涉及的更多是分析、综合和评价能力，重视概念，往往更复杂。当然了，两种不同类型的问题会有重叠之处。许多问题既有具体的因素，也有抽象的因素。

然而，毫无疑问的是，具体问题更直接，更容易解答。

如果学生经常躲在"我不知道"的安全网里，那就调整问题，把问题变得更具体一些。你可能要提更多问题，学生的回答往往也要比你想象的更简短、更散乱、更无逻辑。不过，这样做的好处是学生拒绝回答、拒绝参与讨论的可能性大大降低了。

从判断是否的问题开始

想想以下这个例子：

老师：用这个办法在地图上找地方好用吗？是还是否？

学生：是的。

老师：还能用别的办法在地图上找到这个地方吗？是还是否？

学生：是的。

老师：你会怎么做？你能做给我看看吗？

有时，一开始提出判断是否的问题真的很有帮助。在上面的例子中，我们可以看到，学生必须回答"是"或"否"。这样老师可以慢慢抛出一个更开放的问题，而且有望得到完整的回答。

即使学生一开始就否定了找地图的办法，你也可以继续追问：

老师：那这个办法为什么不好呢？（接下来还可以问：如果这个办法不太好，我们能不能再找一个办法？）

89

在讨论前先组织学习活动

在备课时，我们会计划在组织小组活动之前安排学生开展讨论。这种方式并没有什么问题。事实上，这样做有许多好处。不过，我们也可以把两个环节倒过来，在这种情况下，当我们向学生提出问题时，他们不太可能说"我不知道"。

把小组活动放在前面，意味着学生开始讨论时，总有可参考的点，也就是他们刚刚参加的活动。例如，我们可以先让学生分组完成一个任务，然后再进行讨论，把讨论的重点放在与任务主题相关的一些关键问题上。

在讨论前先组织小组活动，这为学生回答出问题奠定了坚实的基础。在讨论时，每个学生都可以参考他们的小组成果，提出自己的想法。

如果总说"我不知道"的学生人数高于平均人数，那这个技巧尤其有用。先组织小组活动，然后再安排讨论，这样所有学生在课堂上都有想法可以分享。

90

"问题盒"与"问题袋"

准备一个空盒子或袋子，在里面装满写有问题的纸条。你可以找那些平时不愿意回答问题的学生，让他们从中随机抽一个问题，把问题读出来，然后试着回答。

这个技巧有几点值得推荐。首先，这种方式很有趣！通常的问答模式是"教师提问，学生回答"，现在形式变了，更能吸引学生的注意，一定程度上避免学生说"我不知道"。

其次，教师减少了控制，让学生来把控问答情景。虽然很随机，但问题确实是他们选的，而不是教师选的。这样做可以帮助学生树立信心，增强学生的能动性，这样他们更有可能分享自己的想法。

如果很难想出那么多问题，那就在一些纸条上写问题的题干。这样，学生抽到一个题干后，他需要当场把题干变成问题，或者当场提个问题，让其他人回答。

91

上次你是怎么做的

如果一个学生回答"我不知道"，那他以前很可能说过同样的话。所以教师可以请他回想一下当时是如何处理的：

老师：怎么判断这个等式是否成立呢？

学生：我不知道。

老师：想想上次你说"我不知道"的情况。是上周我们讨论类似问题的时候吗？你当时是怎么做的？

学生：嗯……我又看了一下范例，然后我们进行了讨论，最后参考范例解决了问题。

老师：太好了，没错。我也记得是那样。现在，我们能用同样的方法吗？

在上面的例子中，老师提示学生回想他以前不知道如何回答老师的问题时，是如何处理的。这个技巧让学生承担起自己的责任，让他们更积极地思考问题，同时也为他们提供了帮助。多次使用这个技巧后，以后不用提示，碰到类似的问题，学生主动就那么做了。

92

亮出小丑牌

你可以从扑克牌里找出大小王，把图片剪下来，并通过在纸上复印，制作一组班里专用的小丑牌。把小丑牌分给学生，向他们说明：

• 只有学生努力过，但实在找不到答案的时候，他们才能说"我不知道"。

• 当学生真的不知道答案的时候，他们可以把小丑牌拿出来，让老师知道他们的真实情况。

这样，学生们会明白，他们不能亮出小丑牌来逃避学习，同时，"我不知道"有时候也是个合情合理的回答。

从某种意义上说，这个技巧重新规范了学生在课堂上什么时候可以说"我不知道"。这样做可以让每个学生都清楚什么时候可以用"我不知道"来回答，什么时候应该努力解答问题或不害怕出错，勇敢回答。

第三章

让成绩好、能力强的学生
接受难度更高的挑战

93

解决更复杂的问题

许多成绩好、能力强的学生能够迅速而轻松地掌握新的知识或技能。比如，在舞蹈课上，擅长跳舞的学生看到一段新的编舞，可以迅速模仿。

解决更复杂的问题意味着学生需要采用新方法，用批判性思维去处理这些更复杂的问题。这会迫使成绩好、能力强的学生重新看待问题，帮助他们更细致深入地理解问题，从而处理更为复杂的情况。

在舞蹈课上，老师可以要求学生看到一段新的编舞后想出两种不同的表现方式，一种面对现场观众，另一种面对屏幕前的观众。

这时，学生不得不重新回顾并思考他们已经掌握的技能。虽然凭借个人已掌握的技能，有些学生可以轻轻松松地模仿一段新的舞蹈，但当你提出一个更复杂的任务时，他们就应该明白，简单地模仿只是掌握技能的第一步，而不是最后一步。通过解决更复杂的问题，学生的能力也会因此在挑战中得以提升。

94

提供新的学习内容清单

学生在面对新的学习内容时会面临双重挑战。首先，他们必须花时间和精力来处理新的信息；其次，他们必须结合所学来理解这些需要学习的内容。提供新的学习内容清单有助于活跃和拓展学生的思维。

给学生5个选项，每个选项都包含学生必须探索、总结并向你讲解的新的学习内容。你可以让学生选择其中一个选项，然后告诉他们可以使用哪些研究工具（书籍、电脑或智能手机等）。

你可以通过提出一个或多个学生在研究过程中必须回答的问题，来进一步展开这个活动。比如，你可以向学生提问：到目前为止，新的学习内容是否加深了你对已学内容的理解？

95

挑战高年级的学习内容

　　你可以通过让学生学习高年级学生需要掌握的知识点来挑战他们。在某些情况下，学生所学内容会更为复杂和抽象，比如，在外语课上，老师让低年级的学生阅读高年级的课文。

　　在引入高年级的学习内容时，全班学生可以做一个游戏：每个人在两张纸上分别写上字母A和B，把它们揉成一团，放在背后，请学生随机选择一个纸团。学生选择后，把纸团打开，展示上面的字母。你需要提前准备好两项高年级的学习内容，分别代表字母A与B对应的任务。无论学生选择哪一个，他们都需要学习你要求他们探索的新知识。

96

直面学习中的"不确定性"

"不确定性"情况是一种挑战，我们不能依赖于过去的经验，需要思考并调整自己的方法以应对现实。

成绩好、能力强的学生通常可以应用现有的技能和知识，轻松应对课程的主要内容。所以我们可以抛出他们意想不到的任务来挑战他们，目的是让他们不停下学习的脚步，更深入地思考。以下是你可以使用的3种技巧：

• 当成绩好、能力强的学生完成一半任务时，抛出一个新的注意事项或提出一个新的成功标准让他们努力达到。

• 提出一个看起来与课程主题无关的拓展问题。挑战学生，让他们想出一个答案后努力将这个拓展问题与课程内容联系起来。

• 提出"如果……"式问题，让成绩好、能力较强的学生重新思考他们的答案。比如：如果这个问题的答案不能通过语言表达出来，那你会怎么办？

学生进行预测并说明理由

预测源于以往的经验、现有的理解和对可能性的考虑，是一种判断的形式。在进行预测时，我们根据所掌握的信息，对未来可能出现的情况做出评估。

未来并不可知，因此，预测往往十分棘手，尤其是在复杂的领域（如经济、地缘政治或技术创新等领域）。而且，当我们必须证明预测的正确性时，问题就变得更加棘手。这时，我们不仅要预测我们认为可能发生的事情，还要证明它的合理性。让成绩好、能力强的学生进行预测并证明其合理性，可以给他们带来挑战，拓展他们的思维。可以尝试以下3种方式：

• 在课程开始时，你可以要求学生根据导入活动预测本课内容，并说明理由。

• 给学生提供有限的信息，要求他们利用这些信息进行预测并说明理由。

• 让学生对与课程内容有关的现实生活事件（如天气、体育比赛的结果）进行预测并说明理由。

提出相反的观点

　　当学生对既定问题持有一定的看法时，让他们提出相反的观点是一个挑战。他们需要从不同的角度来看待问题，然后把自己的论据挑选出来，寻找漏洞。以下是一些示例，说明你可以何时要求成绩好的学生论证相反的观点：

- 学生进行书面论证，比如完成作文后。

- 学生在讨论中口头表达观点后（全班、小组、两人讨论均可）。

- 大多数学生都同意某个观点时。这时，你可以让成绩好的学生扮演"唱反调的人"。

- 向学生阐述具体的观点后。比如，历史老师可能会提出关于《凡尔赛条约》的观点，然后让成绩好的学生提出相反的观点。

- 学生进行实践活动前。比如，在艺术设计课上，老师在学生制作手工榫卯结构的作品前，提出了另一种连接方式，并要求学生证明榫卯结构的可行性体现在哪，以此来确定学生们完全理解他们原始选择背后的原因。

99

创建概念图

概念构成了人类思维的基石，没有概念，我们就会在思考时迷失方向。

概念图是指学生从一个关键概念出发而创建的导图。它可以是思维导图的形式，也可以是横向或纵向的设计（横向：关键概念写在页面左边，内容向右横向延伸；纵向：关键概念写在页面顶端，内容向下纵向延伸）。

我们可以要求学生的概念图涵盖图像、过程、人物、地点、事实等要素，增加任务难度。然后，你可以进一步要求学生用不同的颜色表示关联性或主题。最后，你可以让学生思考，如果导图是三维的，他们会做出什么调整。

在学生开始绘制概念图前，你可以指定关键概念，或提供多个选择，让他们自己确定关键概念。

提出概念问题

概念问题围绕概念展开，因此较为抽象。概念虽然指向具体事物，但不以物质形式存在。

概念问题具有挑战性，因为学生必须先理解这个抽象的概念，不得不分析和检查他们这样理解的依据是什么。以下是一些概念问题的示例，其中一些概念用黑体标示出来：

- 女巫们提出的关于麦克白的预言**实现**了吗？

- 如果我们可以加快和减慢**自然选择**的速度会怎样？

- 为什么这些图片中只有一幅是**杰作**？

- 企业如何知道是否与客户的**价值观**相同？

- 朋友之间可以互相**撒谎**吗？

学生思考的概念会因你所教授的课程而不同。有些概念会反复出现且具有固定的定义（伦理上的概念，比如对与错），而有些概念在不同的语境中具有不同的含义（比如在地质学和食品技术领域中提到同一概念时）。

101

探索概念

围绕着概念的话题，另一个拓展和挑战学生思维的有效方法是让成绩好、能力强的学生更深入地探索概念。

比如，在探讨说服性写作这一概念时，我们可以为成绩好、能力强的学生提供机会，让他们更细致地分析这一概念。

当其他同学仍在继续完成主要任务时，我们可以向这些学生展示3个不同时代的说服性写作案例。比如，共选择3则分别出现于20世纪60年代、80年代和21世纪头10年内的广告文案，你可以要求学生在回答问题之前对上述案例进行对比分析。然后你可以问学生："你认为说服性写作的概念是否随着时间的推移保持不变？"

我们的目的是让成绩好、能力强的学生加深对这一概念的理解，而比较和对比法总能帮助我们做到这一点。教师通过要求学生仔细思考概念在不同的语境下是否产生变化，从而培养学生的辨别能力。

解释概念

解释概念看起来很容易……但只是看起来。你可以看看下面这段对话：

老师：什么是勇气？

学生：嗯，勇气就是一个人勇敢面对挑战时所呈现的品质。

老师：是的，但那又是什么？我在哪里可以看到它？

学生：勇气不是一个具体的事物，但你可以看到它的表现。

老师：你能指给我看吗？

学生：呃，现在要指给你看有点困难。

老师：我还以为你知道什么是勇气。

学生：我知道，我知道，但是……

所以，解释概念并不容易。要求成绩好、能力强的学生向你解释关键概念，意味着他们要对这个概念进行详细描述。虽然学生可以理解这个概念，在思考、工作和解决实际问题时可以运用这个概念，但这并不总能表明学生可以清楚地阐释这个概念的含义。

因此，解释概念是一种挑战！你是在要求学生回顾他们所掌握的基础概念，努力地组织语言，解释更复杂的概念。

你可以通过限定你提出的概念所面向的受众，如外国人或低年级学生，来进一步提高挑战的难度。

103

刨根问底

对教师而言，刨根问底式提问要求学生快速思考并捍卫自己的观点。

为了有效地进行提问，你需要选择一个话题（通常与课程内容有关）并询问学生的想法。然后，你可以在学生表述观点之后开始刨根问底，质问他们，判断学生的陈述是否属实。

以下是一些可以深究的问题：

- 你为什么这么认为？

- 是的，但你有没有考虑过……

- 但是如果……发生了呢？

- 如果有人不同意你的观点呢？

- 你能证明这一点吗？

从某种意义上说，这里对于学生思维的拓展和挑战不仅来自最终的结果，也来自过程。一个经常被教师刨根问底的学生，会不断捍卫、发展和完善自己的想法。

进行评价

在本杰明·布鲁姆提出的认知领域教学目标分类中，评价是最高层次的目标，是更具挑战性的认知技能之一。要求成绩好、能力强的学生评价某件事情，这意味着他们可以通过做出判断和辩护个人观点来拓展他们的思维。

你可以要求学生对以下各种事物进行评价：

• 自己的作业。

• 示范作业。

• 同学作品。

• 一种观点。

• 一个决定或选择。

• 一系列选项。

• 一个问题可能的答案。

• 一个问题的价值。

你可以通过在学生进行评价时给予或多或少的支持来改变挑战的难度。你的支持越多，任务就越容易。

增加测试的难度

测试是为了考察学生的能力而进行的训练。比如，你可以让学生：

- 完成模拟试卷。

- 练习考试题型。

- 思考模拟试题的可能答案。

- 写出试题的标准答案。

- 编写并完成模拟试题。

为产生最佳效果，教师无须过于关注学生的测试成绩。对学生而言，这是一个学习机会，而不是一场零和博弈。你可以告诉学生，你对高分不太感兴趣，而对他们得出答案的认真程度更感兴趣。

测试本身就具有挑战性。你可以通过提高测试的难度和对学生的期望来挑战学生。

"击败教师"游戏

这是一个经典游戏，有多种玩法。游戏的目的很简单：学生必须找到击败教师的方法。要做到这一点，他们必须促使自己进行更深入的思考，并因此更加努力地学习。

以下是该游戏的5种玩法：

• 让成绩好、能力强的学生想出一个与课程内容相关的问题，要确保这个问题他们知道答案但你不知道。

• 让成绩好、能力强的学生表演一项技能或展示自己是如何掌握这项技能的（最适合实践科目），要确保这方面你掌握得没有他们好。

• 让成绩好、能力强的学生根据课程内容编写一个含有5个问题的测验。他们应该想出答案，然后再通过测验来试图击败你。

• 让成绩好、能力强的学生想出一个与课程内容相关的问题，要确保这个问题你和他们都不知道答案。

• 学生通过参加"研究型竞赛"来确定上述问题和对应的答案，从而进一步展开上述活动。

学生的独白

独白是一种戏剧表现手段，是戏剧中的角色独自表现个人心理活动、情感等的台词。你可以采用这种方法在课堂上挑战学生。

请一个成绩好、能力强的学生写一段独白。也就是说，学生根据学习内容，写一段连贯的话。你可以告诉学生，独白不必是演讲，只要像是对观众说的话就好。但是，你也需要指出，学生需要考虑如何保持观众的兴趣和热情，同时也要传达一些关键信息。

学生写好独白后，请他们向你讲述。你可以制作一个粗略的折线图，表明你（作为观众）的兴趣和参与度，从而增加挑战的难度。确保学生在念独白时能看到你的折线图，如果折线图表明你正在失去兴趣，他们很快就会意识到，并需要立即做出改变来改善独白效果。

只说开头与结尾

对于能力较强的学生，你不需要告诉他们完整的任务解决思路，只需要给他们讲解某项任务的开头和结尾，然后再让他们自己独立解决中间的事项。以下是5个例子：

- 舞蹈老师给学生演示一段舞蹈的开头和结尾。
- 体育老师给学生讲解体操动作的开头和结尾。
- 写作老师给学生讲解一篇文章的开头和结尾。
- 历史老师给学生讲解一个故事的开头和结尾。
- 数学老师给学生讲解一个问题解决方案的开头和结尾。

对学生来说，以所掌握的有限信息作为处理任务的起点是一种挑战。

我们还可以通过给出注意事项来增加挑战的难度。比如，体育老师可能会让学生在体操动作的中间部分呈现3个指定的动作。

109

学生完善学习流程

学生在课堂上会按照特定的流程完成任务。流程是任何一种程序或做事方式，可以帮助学生创作作品、回答问题或完成任务。比如：动笔写作文前构思想法；跳远前想象跳远动作；分析实验结果前检查数据的准确性。

成绩好、能力强的学生往往对他们所依赖的流程有足够的信心，所以他们很少主动关注相关问题，但学习流程总是可以完善的。你可以挑战这些学生，让他们完善学习流程。例如，一位历史老师要求学生灵活思考来更好地应对不同问题的要求，或者一位化学老师要求学生多次检查实验数据以确保实验结果的准确性。

110

关于学习流程的反馈

除了要求学生集中精力完善学习流程，我们还可以直接面向学生给出关于学习流程的反馈，包括告诉学生哪一步做得好，以及可以如何改进。可以看看以下例子：

一位美术老师对他的学生说："杰克，我从这幅画中可以看出，你花了很多时间构思你想要的前景效果，而最终呈现的画面也非常吸引人。这很棒。希望你下次在进行背景创作时也能这样做。"

这个案例中所指的流程是提前构思这一环节。杰克通过精心构思创作了一幅好的作品。同时老师也提醒他之后在进行背景创作时也使用同样的方法。

关于学习流程的反馈帮助成绩好、能力强的学生认识到，完善技能、丰富知识储备和增强理解能力是永无止境的过程，而能否持续做到这一点便是对他们的挑战。

提出针对学习流程的问题

这是对上一个技巧的一种补充，是指教师询问学生创作一件作品或完成某项任务的流程执行情况，例如：

- "赛拉，为什么你决定使用数据库来辅助检查计算结果？"
- "艾米，你怎样向内森解释故事发展情节的？"

面对成绩好、能力强的学生，我们这样做的目的是让他们反思自己采取的步骤，促进他们拓展思维和增强元认知能力。此外，这一类型的问题可以成为你和学生之间展开讨论的前奏。在讨论过程中，你可以帮助学生评估不同学习流程的有效性，或者权衡不同学习方法的利弊。

尝试另一种解题方法

解决问题的方法不止一种。在成绩好、能力强的学生完成主要学习任务后，你可以要求他们按照你指定的不同方式来重做一遍，以此增加挑战难度。然后，你可以让学生告诉你进展情况并让他们比较两种做法。比如：在一堂数学课上，老师布置了一组计算题，他注意到有两个学生很快就掌握了如何运用长除法来进行计算。于是，在他们完成练习后，老师向他们提出挑战，让他们尝试用另一种方法计算这组题目，给他们一定的准备时间，请他们在黑板上演示另一种方法，最后全班学生一起讨论结果是否正确。

113

像专家一样练习

专家不打无准备之仗。事实上，他们往往会过度准备。这意味着，他们可以依靠强大的长期记忆来解决棘手的问题。

在像橄榄球或芭蕾舞等运动项目训练中，人们依靠的长期记忆既包括肌肉记忆，也包括认知记忆。而在面对像论文写作这样的思维任务时，人们主要依靠认知记忆（尽管也依靠用笔或操作键盘等肌肉记忆，但这些记忆作用有限）。

挑战能力强的学生，向他们解释练习的好处以及变得更加专业的方法。然后，你可以要求他们明确需要练习的具体技能，努力取得更大的进步。

最后，你需要给他们机会来练习这项技能。

鼓励学生重复完成手头的任务（认知、体能或混合型任务），要求学生思考如何能在每一次练习中做得更好。当他们完成练习后，请他们向你完整讲述练习过程或展示成果。

114

针对弱点进行练习

一些能力较强的学生习惯于专注于自己的长处而忽略自己的弱点。对于他们来说，针对弱点进行练习就是最好的挑战。

无论是通过自己观察还是与学生对话，你可以明确他们的弱点。比如，一个食品加工技术专业的学生十分擅长于遵循食谱制作出符合预期的食品，却缺乏创造性思维。

明确学生的弱点之后，教师可以帮助他集中精力进行专项练习以克服弱点。在上述案例中，学生可以专注于调整、润色和改进教师提供的食谱。教师会明确表示，学生可以暂时不用考虑其他问题，而是要集中精力评估这份食谱。

你可以要求学生向你完整讲述他们是如何通过练习克服弱点的，这样你就可以看到他们对整个学习过程的反思与理解。

多项要求或任务来袭

教师可以面向成绩好、能力强的学生提出更多要求或布置大量任务，使他们一时不知所措，在这种暂时迷失方向的状态下，他们将不得不迅速而认真地思考如何重新恢复平静、找到方向。以下是3个示例：

• 给全班布置一项附有3项成功标准的任务。面向成绩好、能力强的学生额外提出第四项成功标准，他们需要和其他人在相同的时间内完成这项任务并达到这4个标准。

• 给全班提出一个问题，提供一些研究材料，并告诉他们找到答案的时间期限。与此同时，给成绩好、能力强的学生额外提出两个问题，并告诉他们需要在相同的时间期限内解答3个问题。

• 全班学生分成两人一组。给每组学生提供3份与问题相关的资料，让他们进行分析。同时，给成绩好、能力强的学生所在的小组额外提供3份资料，并要求他们在规定的时间内进行分析。

116

提出注意事项

在谈及其他技巧时，我们已多次提到注意事项。同时，它本身也可以视为一种教学工具。

这一教学技巧是指你可以在布置任务后，提出对学生的额外期望。它提高了挑战难度，因为它会迫使学生以某些他们平时往往会回避或忽视的方式思考、学习和行动。

你可以专门面向一些成绩好、能力强的学生提出注意事项，然后让这些学生在完成任务的过程中遵循这一注意事项。

以下是一些示例：

• 本次演讲只能使用短句。

• 你的画中必须至少有5种不同深浅的绿色。

• 你创作的十四行诗必须遵循ABAB ABAB ABBA BB的韵律（十四行诗：源于意大利民间的一种抒情短诗）。

• 你创作的故事必须至少有一个意料之外的转折。

信息分组

学生进行信息分组时需要运用分析能力。你可以让成绩好、能力强的学生将课上新学的知识进行分组，以此作为对他们的挑战。

比如，在一节法语课上，学生学习了一组新的单词，老师可以要求学生把这些单词分类。针对这一点，你可以改变挑战的难度。简单模式就是你可以直接告诉学生可以划分为哪些类别。如果想增加难度，你可以让他们自己确定合适的分类方式。

教师还可以让学生从一系列课程中对相关信息进行分类。比如，一个地理老师要求学生将一学期中学到的所有关键词进行整合，绘制一个涵盖人文地理和自然地理相关知识点的维恩图。

加大任务难度

对学生而言，加大任务难度会促使学生进行更多的思考，更密切地关注他们正在做的事。他们可能会发现一直依赖的日常处理方式没那么有效了。

这里有3种加大任务难度的方法，以此来挑战成绩好、能力强的学生：

• 除了主要的任务，让成绩好、能力强的学生完成一项额外的子任务。

• 让成绩好、能力强的学生完成和其他学生一样的任务，但你要稍微改变任务的内容。比如，当其他学生需要比较两种不同的宗教信仰时，成绩好、能力强的学生必须比较3种。

• 提出额外的成功标准。如果标准非常具体，任务就会变得更复杂。比如在橄榄球比赛中，你可以提出："我希望你们在接下来的3个回合中至少拦截对手的传球两次。"

119

提出更复杂的问题

以下是一些相对简单的问题：

• 丘吉尔在二战快结束时可能是什么感受？

• 怎样才能算出这个形状的面积？

• 当我们混合这些化学物质时会发生什么？

还是上面这些问题，但现在更复杂了：

• 当二战接近尾声时，丘吉尔可能有什么感受？历史学家对此感兴趣吗？与更广阔的历史背景相比，主要历史人物的情绪和感受重要吗？

• 我们怎样才能计算出这个形状的面积，然后运用同样的方法计算出其他任何形状的面积？这是唯一的方法，还是众多方法之一呢？

• 当我们混合这些化学物质时会发生什么？混合化学物质数量的变化和大气条件的变化对此有何影响？

请注意，在以上案例中更复杂的问题是如何促使学生开发智力、拓展思维的。同样，请注意问题的复杂性是否与学习内容和学生年龄相匹配。

创建准备指南

如果你教的是一门需要考试的课程，或者是最后需要对学生进行评价的单元，你可以让成绩好、能力强的学生创建准备指南，以此作为对他们的挑战。

这些指南可以提供给以后会系统学习相关内容的学生们，里面详细解释了能够帮助他们为考试或评价做好充分准备而需要完成的事情。

这是一个挑战，因为成绩好、能力强的学生必须认真回顾他们所学的一切，并对照考试要求和评价标准进行总结。

如果你想增加挑战难度，你可以指定准备指南面向的学生是谁。同时你可以限制准备指南的字数，这样需要创建准备指南的学生必须认真考虑如何通过其他形式（如图像、表格）来传达信息。

121

问问大家："如果……"

"如果"这个词表示假设。假设的挑战在于本身的不确定性。你可以通过向学生提出"如果……"式问题，让他们进行批判性、创造性的思辨和推理。以下是一些例子：

- 如果你必须在故事中引入一个新角色，你会在哪儿引入？为什么？

- 如果我们用了不同的解决方案，那么可能会发生什么？为什么？

- 如果国家处于战争状态时搁置人权问题，那么这可能对政治决策产生什么影响？

- 如果我们在上半场采取紧逼战术，那么整个比赛会如何进行？

- 如果阿拉贡的凯瑟琳生了一个儿子，亨利八世的统治会有什么不同？

122

教师扮演唱反调的角色

这一技巧意味着你可以：

• 选取一个获胜可能性小、难以辩护或不同寻常的辩论立场，然后像你真的相信它一样为它辩护。

• 持续反对学生提出的观点，不断地激励他们为自己辩护、证明自己的观点。

这两种情况都是为了让学生更认真地思考他们的想法、观点或主张，并对他们可能忽视或遗忘的设想进行更具批判性的思考。

你可以在课上的任何时候扮演唱反调的人，拓展学生的思维。但是我认为这一技巧最有效的运用时机是在学生花了一定时间完善自己的想法之后，比如在讨论之后、讨论期间或完成拓展任务的过程中。

在这些情况下，学生会有更多想辩护的观点。这一技巧可能会带来更有吸引力、更激烈的辩论！

听听"不同的声音"

听听"不同的声音"是指学生尝试从别人的角度看问题。

你可以要求学生站在他人的角度思考、写作、表演，等等。以下是一些例子：

- 你能重新演示一遍吗？这次你要扮演一个只会发球和拦球的人。

- 你能从一个企业领导者的角度改写你的答案吗？

- 你能创作出一个不同的形象吗？这一次，你要站在一个不喜欢彩色的人的角度去绘制。

- 再读一遍独白，但这一次想象一下这个角色不愿意与观众分享他们的故事。

- 你要从一个反对者（不支持你的方案）的角度提出不同的方案。

> **124**

督促学生做得更好

就像许多成绩一般的学生，一些成绩好的学生同样很难认识到追求完美的意义。他们的目标可能是完成任务，而不是尽可能把某件事做到最好。因此，你可以要求学生在完成作业后尽可能地提高作业的质量，挑战他们的能力。这些学生可能一开始很难理解如何去做，你应该指导他们关注一些特定部分。比如，你可以跟学生讲：

- "玛丽亚姆，谢谢你提交的作文。现在我想让你回去重写第三、四、五段，多举一些相关的例子。"

- "大卫，谢谢你提交的作业。你能再看一遍第七个问题吗？我希望你能表达得更清楚，这样我就更容易明白你的解题过程，做完之后告诉我。"

- "塔莎，谢谢你展示给我们看。我想让你回去练习这套动作的第一部分。我能看到你的努力，但希望你能更好地控制胳膊和腿的位置。"

让情况变得更糟

这似乎有悖常理！你为什么要让一个学生把他们的任务做得更糟？

如果一个学生完全明白什么会使事情变得更糟，那么他们就更能理解什么会使事情变得更好。这是一种逆向思维。以下是这种方法在实践中的3个示例：

• 重看一下你的模拟试卷，找出3个地方，想想怎么做能至少减5分，在试卷上标出来。

• 如果你要重写这篇作文，做哪3处具体修改会降低它的质量？对于每一处修改，你要写一段话来解释为什么这么做会降低质量。

• 再看看你的海报。如果你要改动这张海报，做哪两处修改会产生最大的负面影响？为什么这么做会降低海报的宣传效果？

利用废弃鞋盒来"抽奖"

这是分配拓展任务的一种有趣方式。

找到一个废弃的鞋盒，用亮光纸把它包住。准备一些拓展任务，分别写在不同的纸条上，折好放在盒子里。

当成绩好、能力强的学生完成了主要学习任务后，你拿出鞋盒，告诉他们拓展任务是通过"抽奖"的形式分配的。他们需要在鞋盒中随机选择一张纸条，纸条上面写着他们需要完成的任务。这种方法让学生获取拓展任务的过程变得更有趣。

如果你不确定如何设计任务，可以尝试使用布鲁姆分类学的两个高级层次认知目标（综合和评价）中的关键词列表。或者在纸条上面写上"自己写出拓展任务并完成，然后用它来考考老师"。

学生提出拓展问题

这个方法非常好，所以它应该单独占一条——当然它也是利用废弃鞋盒来"抽奖"的一部分。

对学生而言，写出拓展问题是一种挑战。他们需要思考目前为止在这节课中学到了什么，了解了什么，什么样的问题会难到超出目前的理解能力。

当你和学生角色互换，让他们自己设计拓展问题时，你可能需要提供一些支持，至少在刚开始的时候需要。你可以：

- 提供一些可能的题干。
- 界定拓展问题的主题。
- 用一道经典问题举例。
- 提供问题中可以使用的关键词（如概述、描述、评估等命令词）。
- 提示学生你以前出的拓展问题。

提出额外的成功标准

我们之前已经多次提到过这个方法，它与前面"提出注意事项"的那条建议明显相关，不过，这是另一种值得单独介绍的方法。

你可以面向成绩好、能力强的学生提出额外的成功标准，这是为了增加学习任务的挑战难度。除了要完成和其他同学一样的学习任务，他们还要满足一些额外的要求。这里有以下几种方法供你尝试：

• 把这个任务交给学生，让他们提出一个具有挑战性的额外标准。

• 使用一个"重"字开头的词作为额外标准的关键词，如重做、重看、重改、重写、重新想象等。

• 让学生完成一些非常具体的任务。

• 让学生将当前的任务与课程联系起来。

更细致以及更深入的学习

学生进行更细致以及更深入的学习有助于他们增加知识储备、增强理解能力，是学生达成学习目标的手段之一。

这时学生面临的一个困难是：他们并不能准确理解怎样才算是更细致以及更深入的学习。帮助他们克服这个困难的方法是，当你谈及这一点时，具体说明你期待看到的结果：

• 我希望在你的海报上看到更多关于重要术语的解释。想象一下，这张海报如果出现在一本杂志上，读者肯定希望得到更详细的信息。

• 前两段你写得太模糊了。我希望你能重写，注意细节，确保读者阅读时能够完全读懂你写的文章。

• 你的战术计划没有具体说明：如果对手早早得分，球队要怎么做。我想请你把这部分细节加进去。

130

创建音视频文件

你可以向成绩好、能力强的学生发起挑战，让这些学生利用智能设备创建音视频，解释或演示重要的学习内容。以下是一些示例，你可以要求学生：

- 制作一个30秒的视频，解释本学期学过的3个难点。
- 制作一个60秒的视频，展示从易到难的5种传球方式。
- 制作一个90秒的音频，想象并模仿基辛格和尼克松关于越南战争的辩论。
- 制作一个60秒的音频，为提醒学生注意毒品风险创建广告画外音。音频应该说服力强，信息量大。
- 制作一个60秒的视频，演示解某类型方程的3种不同方法，最后要包括10秒的总结，说明哪种方法最好并说明原因。

提前阅读学习资料

如果一些学生比其他学生更快地完成你布置的学习任务，那么让他们提前阅读相关学习资料就是挑战他们的方法之一。这些学习资料是他们在没有教师辅导和事先计划的情况下需要自学的内容。

给学生的指定阅读材料不一定是你要在课程中关注的下一个重点板块。比如，你可以让学生预习一个月后要学习的相关资料，或者你也可以让他们继续阅读当前正在学习的资料，即使这门课程即将结束。

学生在阅读资料的选择上有很大的灵活性。无论你要求学生阅读什么，他们都会获得更多的信息，并进一步增加知识储备。

还有一种做法是找到一些与学习主题相关且有趣的报刊和杂志文章，把它们编辑成册，放在教室里，作为辅助材料供学生随时翻阅。

挑战更难理解的阅读资料

根据上一条建议，为什么不让成绩好、能力强的学生挑战一些通常高年级学生才会阅读的资料呢？

有时候你可以让学生阅读一些难懂的文章，这是扩大学生知识面的有效方法。尽管你可能需要向学生解释原因，但这有助于提高学生的阅读能力。

比如，一个中学的心理课教师可以打印一篇学术论文，交给成绩好、能力强的学生，然后对他们说："每次完成主要学习内容之后，就读一读这篇论文。"

最初，大部分学生肯定会觉得这篇论文晦涩难懂。学术论文通常信息量很大，为专门的读者而写，而且还包含很多专业术语。教师可以跟学生说清楚这些，但也要向他们强调，无论如何都要继续阅读。通过阅读难懂的资料，学生开始探索一些不熟悉的领域并学习如何在面临挑战时坚持不懈。

让学生来写教案

你可以要求成绩好、能力强的学生根据学习内容撰写教学方案，这有助于拓展他们的思维。

在这一过程中，学生必须认真思考他们学习了什么内容，如何理解这些内容，以及如何规划让同学们（或低年级学生）能够理解又具有一定挑战性的课程内容。

在学生设计教案时，你要指定谁是受众以及决定是否提出附加注意事项，比如：

- 课程必须至少包括两个互动环节。
- 课程不应该包括我们今天开展过的任何活动。
- 课程应该包括具有挑战性的任务。
- 课程必须至少包括一个考试题型练习环节。
- 课程必须围绕一个引人入胜的重要问题展开。

鼓励学生试错

试错是重要的学习方法之一。然而，一些成绩好、能力强的学生不愿意使用这种方法，因为他们害怕出错。他们常常认为自己"聪明"或"总能把事情做好"。

让这些学生试错意味着你在挑战他们用不同的方式思考。

这样可以拓展学生的思维，提升学生的能力，同时也让他们对这种方法有更深刻的认识，并学会在不同的学习领域应用这一方法。

你可以要求学生在很多情况下试错。以下是一些例子：

• 我得先看到运算过程才给你打分。

• 在你提交成品之前，我希望至少看到3个初样。

• 我想要的不是一件完美的作品，而是不断改进的过程，我想看到改进的地方。

没有标准答案的问题

有些问题是没有标准答案的。

这些问题相当于你的秘密武器，可以用来挑战成绩好、能力强的学生，拓展他们的思维。要想找到这种问题，你可以在网上搜索：

- 没有标准答案的问题。

- 哲学问题。

- 脑筋急转弯。

- 逻辑谜题。

- 有趣的难题。

把这些问题连同答案复制粘贴到一个 Word 文件里，打印出来，放在教室的某个地方。如果学生完成了主要学习任务，那么他们可以选择其中一个问题来挑战自己。

随着时间的推移，这个方法可以设计成游戏的形式，你和学生分别扮演问题提出者和解决者的角色。

要求学生做得更快更好

要求学生把事情做得更快更好意味着他们不再花过多的时间思考，而是在提高做题速度和准确度的基础上进行训练。

由于上述原因，对于成绩好、能力强的学生来说，要求他们做得更快更好是一个挑战。以下是一些例子：

- 希德，现在我想让你挑战一下这道6分的题。这次规定做题时间比上次少1分钟，而且我希望你能得6分而不是5分。

- 阿什丽，我想让你在两分钟内总结一下实验的关键发现。我希望你重点关注数据。

- 莫，我想让你继续练习前锋防守，但我们要加快投球速度。

137

提出一些抽象的问题

抽象问题往往需要深入思考，比如以下这些问题：

• 生命的意义是什么？

• 进化论否定上帝的存在吗？

• 怎样才算自由？

• 可以在实验室里培养人体器官吗？

你可以向成绩好、能力强的学生提出这些问题，给他们充足的时间去思考。你可以在一堂课开始时提出这些问题，然后随着课程的进行，学生需要在这堂课结束前做出回答。你也可以让学生用几节课的时间思考这些问题。

制作一张问题清单是应用这个技巧的另一种方法。你可以将问题清单打印出来，让学生贴在书后。当学生有空的时候，让他们仔细阅读这个清单，选择一个感兴趣的问题，与你或同学进行讨论。

让学生互相学习

让成绩好、能力强的学生教其他同学，这也意味着成绩好、能力强的学生要重新梳理自己的知识体系，以便其他同学能够听懂。在这个过程中，所有学生都能受益。

以下是该方法的一些实际应用示例：

• 米沙，我想让你在教室里转转，看看谁不会使用这个公式。拿着书，教他们该怎么正确使用这个公式。

• 达里尔，我觉得汤姆和艾德不知道如何把这些素材按照重要性进行排序。你过去告诉他们你的答案，解释你是如何得出这一结论的，然后看看是否能帮助他们。

• 克莱尔，你为什么不加入萨姆的小组呢？他们不知道怎样把剧本写得更生动形象。你教他们一些实用的技巧，比如通过引用布莱希特的话来吸引观众。

口头反馈

最后一种挑战学生的方法是我们熟悉的口头反馈方式，指的是教师在课堂上给学生反馈，来引导他们思考和努力学习。

在下面这些情况中，口头反馈对成绩好、能力强的学生来说尤其具有挑战性：

• 你重点关注学生犯的错误，以此为契机讨论他们出错的原因并引导他们从错误中学到教训。

• 给学生设定完成任务的时限，比如5分钟。5分钟之后，你要回到学生身边，看看他们做得如何。

• 鼓励他们对学习内容进行更具批判性的思考，或者尝试采用自己不擅长的思考方法。

• 以反问句的形式给学生留一些思考题，比如：谁说这是解决问题的唯一方法？

• 你的反馈让学习任务变得更复杂与难以理解，学生们不得不想办法解决反馈带来的不确定性。

第四章

提高课堂反馈、
作业批改的质量

140

反馈的重要性

　　教学大概可以分为3个独立的步骤：规划、教学和评估。评估包括课堂反馈和作业批改。评估可以在课堂上，也可以在课后。课堂评估是指教师对学生在课堂上的表现做出评价。课后评估是指教师在课后批改学生的作业。在这两种情况下，教师都可以对学生的学习情况进行反馈。课堂上的反馈往往是口头形式的，课后反馈往往是书面形式的，不过并非总是如此。

　　课堂反馈很重要，因为它是教师与学生之间的重要交流方式。教师往往精通自己所教的学科，对自己所传授的知识具有专业的理解，但他们的学生还没有达到这样的水平。教育的目标之一就是帮助学生掌握学科知识，课堂反馈可以做到这一点。通过课堂反馈，学生能进一步理解并牢记教师所传授的专业知识。然后，他们才可以掌握、应用这些专业知识，将这些知识内化于心，建构更完善的个人知识结构体系。因此，课堂反馈在指导学生学习、提高学生学习效率方面发挥着重要的作用。

　　作业批改为什么重要？教师在批改作业的过程中能了解学生目前对一

些问题的思考模式，对技能和知识的理解和掌握情况。此外，教师在掌握了学生的学习情况后，能有针对性地调整教学方法来满足学生的需求，给学生提供相关的、个性化的反馈。

只有反馈还不够

只有反馈还不够。这句话的意思是，如果学生没有依据课堂上的反馈意见来调整自己的行为习惯，作业批改没有给教师日后的教学提供参考信息（例如，增加授课难度，重新讲解学生没有理解的知识点，多提供反馈信息），那么课堂反馈和作业批改的影响力会降低很多。

课堂反馈、作业批改只能解决一部分问题，而不是全部问题。

提出课堂反馈时，教师必须考虑学生在听到反馈意见后可以采取的行动。批改作业时，教师必须考虑自己在掌握了学生的学习情况后应该采取的行动。

这一原则应贯穿在以下所有的技巧中，接下来我不会重复讨论这一点。所以，我希望我提到课堂反馈和作业批改的时候，你能时时刻刻记得上面的原则。有时候，我会默认你们知道这些原则，但有时候会明确把这些原则讲出来。例如，在第179个技巧——学生及时采纳反馈意见中，我就明确提出要确保学生有机会采纳反馈意见。

最后，还要注意一点。学生有没有意识到他们可以利用你的反馈信息，来训练思维、完善知识结构或提高理解能力？这一点值得反思。学生越认可反馈意见，越是会根据教师的反馈意见采取行动并发挥反馈意见带来的积极作用。

142

正式上课前的反馈意见

第一个技巧是在学生进教室时给他们反馈意见。你可以用以下两种方法：

第一，在上课之前，把给每个学生的反馈意见单独写在不同纸条上。反馈意见应该说明学生以前的表现，还应指出他们以后在课堂上能做的改进之处。你不需要给每个学生写不一样的反馈。就算你给许多学生的反馈意见类似或完全相同，他们也可以从中受益。当学生进教室时，你把纸条发给他们，让他们读一下纸条上的反馈意见，和同桌讨论一下，然后在课堂上实践。

第二，在上课之前，针对全班同学设定10个改进目标。假设你的班级里有30个学生，你可以针对不同群体设定相应的目标，其中5个目标适合20个学生，3个目标适合其他的8个学生，两个目标适合剩余的两个学生。把这些目标在电脑上编辑好之后打印出来，在学生进教室时发下去。你可以让学生们读一下，和同桌讨论，确定哪个目标最适合自己。告诉学生，你希望他们上课时实现这些目标。

还有两点要注意。首先，在第二种方法中，你可能需要在教室里来回走动，确保学生选择的目标有一定的挑战性。其次，在规划上课内容的时候，你要依据反馈意见设计一些有针对性的课堂活动，否则他们没法进步。

表扬学生的努力，而非特质

下面这些说法都是表扬学生特质的：

• 你很聪明。

• 你很优秀。

• 真是个天才啊！

• 太棒了，你总是很快就能给出正确的答案。

教师这样说的时候往往是出于好意。教师想和学生分享正面的感受，认为这些表扬可以让学生更加积极地看待自己。然而，心理学家卡罗尔·德韦克和她的团队的研究表明，表扬学生的特质并不一定可以产生这种效果。

事实上，这样表扬学生往往会让学生陷入一种固定的思维模式，认为他们之所以做得好是因为自己具有一些与生俱来的品质，而不是自己努力、试错、关注细节的结果。

不要表扬学生的特质。你给学生的表扬一定要和具体的原因联系起来。给学生反馈意见时，一定要强调，他们的选择和行动，而非天生的品质，让他们取得了良好的成绩。类似的表扬如下所示：

•约翰，这篇文章写得很棒，我知道在动笔前你花了充足的时间理清思路。

•西尔维娅，你的作品很出色，你能告诉我为什么你选用了混合技法，而没有使用直接画法吗？

•艾哈迈德，做得不错，我能看得出来，你是经过大量尝试后才找到了最佳方法。

将反馈视作一份礼物

我们在收到礼物时会感到很开心。如果朋友给我们送礼物，我们基本上都会接受，拒收他们精心挑选的礼物会被认为是一种不礼貌的行为，也会损害双方的关系。

同样我们也会精心挑选送给他人的礼物。在挑选礼物时，我们会考虑对方的喜好，考虑他们是否需要。面向学生提出反馈意见就像送礼物。我们给学生反馈，觉得反馈对学生有用，同时不期望得到任何实质性的回报（如果不考虑希望学生能够加以应用的话）。

如果要使用这个技巧，我建议你先和学生谈谈什么是礼物，反馈为什么是种馈赠。你可以使用上面的说法来解释，然后在提到反馈时，要反复提醒学生，这是教师给大家的礼物，慢慢地，学生就习惯这样看待反馈了。

当你将反馈视作礼物向学生提出时，学生会改变对反馈的看法，从而缓解一些学生对反馈意见的抵触情绪。通常，那些把教师的反馈看做是威胁或者是负面评论的人，往往能力不足。这些学生想到反馈，就会产生一定的负面情绪。将反馈视作礼物可以拔除他们心中的"刺"。

让学生明白反馈的目的

还有一种办法可以改变学生对反馈的看法。那就是，告诉学生，你提出反馈意见，实际上是给学生提供了一条捷径，让他们能接触你所掌握的专业知识。这些专业知识包括你所具备的学科知识、相对更渊博的文化知识以及教学知识。

除非特别提醒，否则许多学生不会这样看待教师的反馈。他们不一定能够明白，反馈之所以有助于学生取得进步，是因为反馈是基于教师的专业知识储备提出的。如果向学生解释清楚，那学生就会明白，来自教师的反馈意见作用十分强大，能让他们获取专业知识，并真正理解与内化。

这种想法是一种积极的、贴合实际的思考方式。如果学生经常根据反馈意见来做出改进，那么慢慢地，他们就能接近教师的专业水平。虽然学生不太可能和教师的水平相匹敌，也不太可能超过教师，但他们可以不断缩小在专业水平上与教师之间的差距。总而言之，这就是学生学习的意义！

146

注意工作记忆的容量限制

工作记忆是短期记忆，也是我们用来处理信息的记忆系统。工作记忆能力有限，人们一般认为，工作记忆容量是7条信息，可以有上下两条信息的浮动。

要记住下面两个要点：

第一，如果利用工作记忆能力集中精力完成手头的一项任务，效率通常最高，但是当精力分散到几个不同的任务上去，那么效率就会降低。如果对手头的任务不熟悉，更是如此。

第二，工作记忆的容量有限，如果我们要处理的信息超过了工作记忆的容量限制，那么我们很可能会在做事情时走神，甚至会停下来，不知道接下来要进行的工作是什么。如果我们有自知之明，很可能会发现出现了记忆超载情况，接着采取一定的措施进行处理，比如，将任务分解，以便于自己能够应付得来。不过，如果我们没有采取以上措施，那当我们停下手头的任务时，就很难再全身心投入其中，很多学生就是这样。

由此我们可以得出以下结论：在向学生提供反馈意见时，你应该注意工作记忆的容量限制。一次性给学生太多的反馈意见会导致他们心理负担过重。我个人认为，在提出你的反馈时，为学生指出一个具体的目标就够了。学生可以利用工作记忆能力努力实现这个目标。目标完成后，再给他们设定一个目标，以此类推。

一次只做一件事

在提供反馈意见时，你可以引导学生一次只做一件事，具体做法如下：

• 如前所述，为学生设定一个目标。你可以通过口头或者书面的形式给学生这样的反馈。例如，组织活动时，你可以在教室里走动，告诉部分学生，在活动中完成某一个特定任务即可。你还可以让全班同学完成同一个任务，如果班里的同学总犯类似的错误，那这样做的反馈效果会很明显。

• 给学生一定的时间，让他们在这一时间段专注于实现目标。原因很简单。如果学生能把所有精力集中在某个目标上，那么他们很可能会尽最大努力，效率可能会最高。此外，你还向学生发出了这样的信号，即实现这个目标很重要，具有极高的价值。

• 让学生理解什么是工作记忆。要向学生解释清楚工作记忆的运行原理、局限性以及为什么一次只做一件事是合理的。

• 控制反馈的信息量。你经常会试图一次性给学生大量的反馈信息，但这是不对的。一定要记住，虽然你是一个专家，知道他们哪里做得不对，也知道他们应该如何改进，就算不是面面俱到，你也知道得八九不离十，但是他们一次只能专心做一件事。如果每一次接收的反馈信息太多，那他们很可能会因为大脑超负荷运行而不能专心致志做事。

确保学生采取了行动

你怎么确定学生已经听懂了反馈意见并采取了行动？你怎么能确定他们实现了你设定的目标并且明白你的要求？

有个办法就是"展示给我看、告诉我、说服我"。具体是这样的：

教师向学生提供反馈意见，要求他们上课时努力实践这项反馈。在组织活动时，教师要在教室里来回走动，和其中一些学生交流。在和学生交流的过程中，你听到一个学生说，他已经成功将你提出的反馈付诸实践了，现在需要再设定一个目标。

在这种情况下，教师不能直接提出新的目标，而是要测试学生所说的话是否属实。问问学生下面3个问题：

• 你能展示给我看你在哪些地方具体实践了我提出的反馈吗？

• 你能告诉我为什么这足以说明你成功实现了反馈中提出的新目标吗？

• 你能说服我你已经采纳了反馈意见，准备好往前迈一步了吗？

请注意一下，上面3个问题一个比一个难。在回答第二个、第三个问题时，学生要努力阐明自己对反馈的理解，虽然他们在行动上成功采纳了反馈，但不一定能够说明白。通过上面的问题，你很快就能确定，学生有没有完全理解你的意思，有没有听取你的意见。

使用一些标记符号

使用标记符号可以加快作业批改的速度，也可以帮助学生在收到作业反馈时找到重点。具体是这样做的：找出学生经常犯错的地方，以及你重点关注的地方。然后，你可以用一些标记符号来表示不同的错误类型。例如，外语课上，教师设计的标记符号可能包括：

- G（Grammar：语法）
- P（Punctuation：标点符号）
- SP（Spelling：拼写）
- S（Sense：时态）
- W（Word Choice：单词选择）

确定标记符号后，你必须告诉学生标记符号的含义以及使用的场合。教师可以通过这些标记符号让学生自己纠正相关错误，这也意味着教师可以针对学生的其他实质性问题提出更详细的反馈。

慢慢地，学生就会对这些标记符号所指代的内容越来越熟悉。这样，在收到作业反馈的时候，他们就更清楚自己应该关注哪些内容。

用不同颜色的笔标记

除了用具体符号标记反馈信息，你还可以用不同颜色的笔标记，也就是说，你可以利用不同颜色突出学生应该重点关注的地方。具体标记方法包括：

• 用3种不同颜色的笔在学生的作业上进行标记，分别标记学生做得好的地方、需要改进的地方、需要师生讨论的地方。

• 用同一种颜色的笔标记学生作业中同类型的错误。例如，一位数学老师用一种颜色标记了5处学生因为粗心犯的计算错误。

• 对于同类型问题的答案，借助两种不同颜色的笔进行标记，分别标记学生需要修改的地方和没有犯同样错误的地方。这样，学生们就可以将他们做得好的地方与做得不好的地方进行比较，进而做出改进。

不管是用哪种方法标记，学生后续都需要采取一些措施。用不同颜色的笔标记，教师无需多余的解释，就可以给学生提供直观、可辨识度高、视觉上的反馈信息。学生可以直接看标记的部分，然后思考他们接下来需要采取的行动。

151

面向全班同学设定多个目标

之前我顺便提到过这一点，不过这还需要细细探讨一番。下面我列举了一个例子。

一位社会学老师在检查了学生的作业之后，为他们列出了一些具体目标：

- 把你写的答案再复述一遍。
- 练习用关键词来概括自己的想法。
- 举当下的例子来支持你的论点。
- 回答问题时要用上一些专业术语。
- 分析问题时要考虑不同影响因素，例如性别、族裔和年龄。
- 用不同的理论来分析问题。

这些目标是面向全班同学提出的。可以想象得到，这位老师肯定是检查了很多份作业后才总结出来这些反馈意见。其中有些目标容易实现，有些目标难以实现。整体来看，这几个目标从易到难，适合能力大小不同的学生。

关于如何应用这一技巧，教师有两种做法。其一，把这些目标展示在白板上，让学生看看自己的作业，让他们自己判断哪个目标适合自己。其二，检查完学生的作业后，教师可以再过一遍，在作业第一页写下对应的目标，让学生明白自己该朝着哪个目标努力。

提前给学生反馈

我认为，对于大部分的教学活动，我们可以提前预测出能给学生提供什么样的反馈。相比刚入行的教师，教学经验丰富的教师更容易做出预测。在备课时，我们可以提前想好反馈意见。因为我们事先就知道，这些反馈意见适用于大多数学生。这里有一个例子：

一位历史老师给学生布置了一个任务，让他们分析手头的文献资料与工业革命的关系。这位老师事先就能猜想到，学生刚开始分析时，不可能分析得很深入。

考虑到这一点，他提前就准备好怎么反馈了。在活动进行到一半的时候，给学生抛出5条反馈意见，其中两条涉及文献资料中的一些细节问题，两条涉及学生现有的理解水平和学过的知识之间的联系，一条侧重于对学生的评估（这一反馈适合学习能力强的学生）。

提前给出反馈，可以让学生在完成任务的过程中加倍努力。经常使用这个技巧，学生就会养成正确的思维习惯，明白首次尝试只不过是一种尝试，永远有改进的余地。

153

制作错误明细表

错误是形成反馈意见的沃土。犯错在学习过程中很常见，如果学生会犯错，那就说明学生面对的是一个难度很合适的挑战。毕竟，如果学生没犯任何错误，那说明学生很可能已经完全掌握了某个知识点。

制作错误明细表也是一种反馈方法，效果很明显。

在教新的内容之前，把以前见过的一些常见错误列出来。如果以前没教过这些内容，你也可以仔细看看教案，把你觉得学生可能犯的错误列出来。你可以把列出的常见错误做成一张明细表，除了列出错误，还要简要解释错误的原因以及学生应该注意的要点。将做好的错误明细表复印一下，给每个学生发一份。

接下来，带学生过一遍错误清单。教授新内容时，可以先讲这些错误。在讲解之前，要告诉学生你是想让他们知道可能会犯什么错误，让他们有机会发现错误并从中吸取教训。

154

示范一下该怎么做

有些学生在收到反馈后不知道该怎么做，而有些学生收到反馈后根本不理解是什么意思。不管是哪种情况，教师都有必要示范一下如何实践反馈，也就是说，你必须亲自向学生示范，为了他们能有所进步，他们在收到反馈后该如何改进，正确的做法是怎样的。

下面举了几个例子：

• 一位体育老师在指出一些学生每次投篮的时候头总是向后仰之后，给他们演示了投篮的时候怎么保持头部不动，然后再让学生练习。

• 一位中学老师指出一位学生在遇到困难时消极应对，退缩不前。老师和学生一起讨论了学生当时的感受以及这种感受从何而来。接下来，老师向学生示范了如何以一种更积极的方式应对这些困难，即如何保持冷静地思考当时的情况，做出更好的选择。

• 一位科学老师在指出一位学生对一个图表进行了错误解读之后，他先是告诉学生要改变错误的观念，然后给学生讲解了正确的图表解读方法。最后，学生在老师的督促下试着重新解读图表。

针对思维过程提出意见

针对学生的思维过程提出意见是最有力的反馈之一。这是因为思维是学生行动的基础。例如，学生创作的文章是他们在写作之前和写作过程中思考的结果。同样，学生创作的艺术品不仅仅是身体行动（比如美术课上学生拿着画笔在纸上不停绘制）的结果，也离不开他们思考的过程。

针对思维过程提出意见有助于学生认真审视自己的思维过程，并根据教师的反馈意见不断完善想法。同时，这也有助于提升学生的元认知水平，提高学生的成绩。

你可以这样来提出反馈意见，下面列举了一些方式：

- 让学生尝试不同的解题方法。
- 让学生放弃一些想法，重新思考。
- 让学生比较思维方式改变后与改变前的想法。
- 让学生综合考虑其他前提、观点或策略。
- 让学生慢慢思考，避免因粗心大意而犯错误。

展示你的思维过程

我们再继续谈论思维过程这个话题。为了对全班学生的思维过程进行反馈，你还可以在他们面前讲讲你的解题思路，如下例：

一名数学老师站在教室前面，在白板上展示了一道数学题，告诉学生怎么理解这道题，同时他告诉学生在碰到这种类型的题目时，他是怎么思考和解答的。

然后他出了一道同类型的题目。这一次，他要求学生花更长的时间讨论解题步骤。最后，老师再展示一道同类型的题目，并将自己的解题思路呈现在PPT上。

接下来，老师给学生出几道同类型的题目，让他们自己解答，同时他们可以参考包括解题思路的PPT。

在上面的例子中，老师是在全班同学解题前提前给出反馈意见。其实这相当于老师说："与其放飞思绪，不如让我告诉你碰到这种类型的问题，该怎么思考，该如何解答。"

突出不同作业之间的差距

看看下面老师的两种说法：

• "你看，用错理论就会出现这种情况。看看这个作业，正确应用理论是这样的。"

• "你能看出这两份作业的区别吗？第一个比第二个好在哪儿呢？"

不管是哪种说法，老师都在尝试让学生看出作业做得好与做得不好的区别。他们给学生提供了非常有用的反馈信息，可供他们日后参考。

通过突出显示不同作业之间的差距，教师能帮助学生理解为什么有的作业比别的作业做得好，同时让做得不好的同学明白怎么修改才能向做得好的同学看齐。

你可以通过多种形式来突出显示不同作业之间的差距，可以用口头语言，也可以用文字。无论采用哪种形式，教师都是为了给学生提供有用的信息。记住这点，学生要想知道不同作业之间的差别，就一定要明白做得好的作业应该是什么样的。

158

让学生对照心理预期行动

所有人都可以将心理预期目标与现实情况进行对比，然后采取行动，来提高实现目标的可能性。你可以告诉学生，收到教师的反馈之后，用"如果……那么……"的句型把目标重新转述一遍。下面是一些例子：

目标一：练习在句尾用句号。

如果……那么……：如果我想提高写作水平，那么我就得在句尾使用句号。

目标二：在击球时，要一直盯着球，直到球棒击到球。

如果……那么……：如果我想得分高，那么我就得一直盯着球，直到球棒击到球为止。

目标三：做饭时要尝一尝，根据味道放调料。

如果……那么……：如果我想做的食物更美味，那么我就得在做饭时尝一尝，根据味道放调料。

从上面几个例子可以看出，通过转换句型，别人提出的反馈意见就转化成自己该做的事情了。同样，针对教师的反馈意见，学生通过把希望达成的目标和需要采取的措施联系起来，这样在学习时就掌握了主动权。

　　总之，这个技巧适用于所有学生，可以让他们很好地驾驭教师的反馈意见。

反馈分类法（1）

在理解世界万物时，分类是我们使用的一个重要方法。分类与定义事物的作用相辅相成，这两种认识事物的方式都是人类思维的基石。举例来说：我为什么会认为这是"美好的一天"？因为它符合我对"美好的一天"的定义，可以归入"美好的一天"这个类别。

分类法有助于教师高效地批改作业。你可以这样做：

在批改学生作业时，把相关的5到10个主要参照要素列出来，从不同的角度来审视学生的作业或者从不同角度把反馈信息分类。

例如，美术老师在批改作业时，可能会关注以下部分或全部类别：线条、形状、颜色、比例、视角、原创性和结构。

在批改作业时，美术老师把列出来的类别放在学生的作业旁边作为提示。在他不确定怎么反馈时，他可以从列表中选择一个合适的类别进行评论。这样，批改作业就容易得多了。所以，分类表就像是小抄，有助于教师快速反馈。

反馈分类法（2）

作为教师，你在你所教授的学科领域可以称为专家，你具备专业的知识来对学生的作业进行评价，这一点毋庸置疑。在评价的过程中，利用反馈分类法是重要的手段。

以上文的例子为例，美术老师在组织课堂活动时，在教室里来回走动，一边检查学生的作业，一边给出反馈。他参照事先划分的类别进行反馈。针对学生作业，他从线条的使用方面给出专业评价，让他们充分理解怎么准确地运用曲线与直线来创作美术作品。

除了直接给出反馈，教师可以通过与学生们分享具体的反馈类别，帮助他们更好地自评。你可以告知学生这些具体类别，让学生选择其中的一个或两个来评价自己的作品，然后再交给教师批改。

经过不断练习，学生可以更有效地评价自己的作业，以及以一种更专业的眼光去看待特定学科的任务。

161

反馈前的流程描述

在前面的技巧中，我们讨论了如何通过提前确定反馈的类别来加快作业批改的速度。此外，我们还可以把学生完成任务的过程分解为不同的步骤，以此为参照来评估学生的任务完成情况。你可以从下面的例子中看看如何应用这个技巧：

实验课上，老师给学生布置了制作测光计的作业，学生做完作业后，上交了测光计。老师在给学生的作业打分前，把他们认为学生制作测光计会采取的步骤写了下来。首先，老师把学生的制作进程分为5个关键环节：

- 计划
- 制作原型
- 修订计划
- 搭建
- 完成

然后，通过注释，把各个环节细分为具体的步骤。最终，制作测光计的过程划分为5个环节，每个环节再细分为两个步骤。

只需要几分钟，老师就能清楚地描述学生完成任务的大致流程，并以此作为反馈的基础，然后仔细检查各个测光计，看看学生最难把握哪个操作步骤。在确定难点后，老师就能针对学生的具体情况，快速、准确地提供反馈。

162

把评价标准随时备着

无论是使用反馈分类法，还是在给出反馈前描述学生完成任务的大致流程，你都制订了一定的评价标准。你可以随时备着这些评价标准，在批改作业时使用。这样，你就不用刻意去记这些评价标准了。你可以写在便条纸上，然后随身带着或者贴在办公桌上，以备随时参考。

在实际操作中，你可以参照以下案例：

• 一位老师批改学生的作业时，手头放着从最近几节课中总结出的评价标准，并以此作为参考。

• 一位老师在批阅学生写的作文时，手头拿着评分标准，并把标准整合为5个关键指标，用以快速评价学生作文的质量。

• 在一堂实操课上，老师正在评价学生的课堂表现。在上课前，老师在一张便条纸上列出了一些评价标准，并将便条纸放在口袋里，随时拿着备用。

无论如何，老师都制订了一定的评价标准，一方面加快作业批改的速度，另一方面确保了评价的客观性。

批改作业时目的要明确

批改作业时目的要明确，这似乎是理所当然的事情，但你能做到吗？很多时候，我们在批改学生的作业时漫无目的。我们批改作业是因为我们必须批改作业以及给学生反馈。但是，如果我们批改作业时有明确的目的，作业批改质量会不会更高？给学生的反馈会不会更有用？

下面列举了一些例子：

• 一位数学老师在批改学生的作业，目的是检查学生是否能够应用某种解题方法。

• 一位地理老师在批改学生的作业，目的是检查学生是否能够准确绘制地图。

• 一位经济课老师在批改学生的作业，目的是检查学生在论文中进行观点论证时是否正确引用了统计数据。

在上面几个例子中，老师都事先明确了自己批改作业的目的，设立了一个首要的评判标准，这有助于他们参照标准，集中注意力，做出更精准的判断，引导学生取得更好的学习效果。

164

你想让我批改什么

你可以试着向你的学生提出这个问题，看看学生的反应，结果可能会让你大吃一惊。

向学生提出"你想让我批改什么"这一问题，其实是让学生自己先评估作业的质量。他们一方面需要确定哪些作业最能体现他们目前的能力和水平，另一方面需要考虑让老师批改哪些作业才能得到最受启发的反馈信息。

这个技巧并不是百试不爽，是否有用取决于作业的类型和作业量。就相关性和范围来看，学生必须有的选才行。你可以从下面的例子中看看如何应用这一技巧：

• 在美术课上，学生画了很多草图，老师让他们自己选择需要批改的3幅作品。

• 在写作课上，学生写了一些十四行诗，老师让他们自己选择需要批改的两首诗。

• 在科学课上，老师提出了6个问题。学生分别写出6个答案后，需要选择想要老师针对哪3个问题的答案给出反馈。

　　•在地理课上，学生绘制了很多地图，需要从中选一幅地图让老师给出反馈。

　　•在舞蹈课上，学生展示了自己编的3种舞蹈。老师让学生自己判断哪个最好，然后针对这个舞蹈进行反馈。

165

你想让我给出什么样的反馈

上面的技巧还可以调整如下：不要让学生决定批改哪些作业，让学生决定想让你针对哪些具体方面进行反馈。告诉学生，在提交作业之前，他们可以把这些具体方面记在作业上。

这样做有以下几个好处。第一，这样你的反馈会更有针对性。第二，你可以鼓励学生批判性地评估作业的质量。第三，这有利于学生自己掌控任务的进展，提高自主性，毕竟学生能判断出什么样的反馈有用，决定接下来的改进方向。总而言之，通过向教师积极地表达自己的想法，学生能进一步获得更有效的反馈信息。

在使用这一技巧时，你还可以用上反馈分类法（参见第159条、第160条）。例如，教师可以在黑板上写下多个不同的评价角度，然后让学生选择一个角度，你从这个角度出发来评价他们的作业。

这个技巧还可以进一步拓展。除了要求学生说出最想让教师反馈的方面，你还可以要求学生说明为什么觉得这方面的反馈最有用或最重要，以此推动学生阐明决策的理由。

166

我应该注意哪些变化

试着问问学生："我应该注意哪些变化？"你可以让学生在交作业之前，以口头或者书面的形式告诉你他们的回答。和前两个技巧相比，形式虽不同，但目的是一样的。实际上，你是在要求学生检查自己的功课，评估自己是否取得了明显的进步，有没有重复以前的错误。

如果学生有机会实现一个最近定的目标的话，那这个技巧的效果尤为明显。例如，学生构思了一个故事后，他给自己定的目标是在下笔时尽可能多地使用形容词。在给出反馈之前，你可以询问学生："我应该注意哪些变化？"这会促使他们重新审视自己创作的故事，确定有没有实现目标。

这样做同样有几个好处。第一，因为学生提前告知你他做出了哪些改进，你可以在批改作业时重点关注这些变化，提高作业批改的效率。第二，学生积极地评价自己的功课，并将他们期望的情况和实际情况进行比较，这是有启发性的。许多学生可能会发现，自己做出的改变比期望的要少。学生知道这一点大有裨益，这有利于他们在未来能够更准确地判断自己做出的调整是否到位，目标是否已经实现。

针对学生的错误进行反馈

正是通过发现学生犯的一些错误，我们才能确定他们对哪些知识掌握得不牢固，理解不到位，然后可以基于此进行反馈。下面列举了4个方法，说明如何做到这一点（后续将单独介绍第五个方法"提出关键问题"）：

• 预测常见错误。你可以预测学生在学习某个单元的内容时通常会犯什么错误。提前想到这些错误，批改作业时发现这些错误的可能性就更大。

• 跟进提问。跟进提问意味着学生要进一步解释、澄清自己的想法，并提供更多细节。从学生的回答中，我们可以看出他们得出正确答案的推理过程是否准确。如果推理过程不准确，教师可以相应地进行反馈。

• 精心布置作业。作业的安排将直接影响你对学生学习情况的了解程度以及后续的反馈情况。想想你应该怎么精心设计作业的形式与内容，才能让学生有机会暴露自己的问题或者误解。

• 让学生找出错误。给学生展示一部分学生的作业，让他们找到作业中的错误之处并说明错误形成的原因。如果错误没被学生找出来，那就说明他们可能也犯了同样的错误。

提出关键问题

关键问题是指教师提出的这个问题是学生学习新单元的关键。学生只有解决了这个关键问题，才能继续往下学。如果他们没答对，那教师就需要干预，把知识点再讲一遍，组织讨论，提供反馈意见，帮他们理解得更深入。

下面就是个关键问题：

以下物品中哪一个有磁性？

A）铁钉

B）铜线

C）玻璃

D）木板

学生要想掌握磁性相关知识点，首先需要正确识别带有磁性的物体。如果学生具备这个能力，那他们可以继续学习相关内容。如果他们无法识别，那教师就需要加以干预，重新讲解。否则，他们一开始就没有掌握这一基础知识，也难以掌握其他更复杂的知识。

在上面的例子中，第二个选项的设置就是为了发现学生的错误。学生第一次学习磁性相关知识时，通常会误以为所有金属都有磁性。教师专门列出这个答案，就是为了把学生的这一误解暴露出来，以纠正他们的看法。

169

明确不同性质的错误

指出学生的哪些错误是粗心造成的，哪些错误是具有启发性的错误，这一方面有助于学生明确二者的区别，另一方面可以成为教师批改作业的目的之一。如果错误是学生粗心造成的，那说明学生做作业时没有集中精力，也没有好好检查。粗心导致的错误是学生本可以避免的，但是具有启发性的错误是在学生当时的认知能力下无法避免的。具有启发性的错误是指对学生有帮助的、可以从中得到教训的错误。

让学生明白这两种错误之间的区别，意味着要让学生承担起责任，纠正因为粗心而犯的错误。这样，教师在批改作业或者授课过程中就可以专心找出那些具有启发性的错误。相比粗心导致的错误，具有启发性的错误对学生来说更有意义，学生可以通过这些错误，知道自己的不足之处。发现具有启发性的错误可以给教师教导学生的机会，纠正学生在学习上存在的误解，为他们指明未来的努力方向。

你可以把这两种错误的区别写在黑板上，以供学生参考。慢慢地，学生就真正理解、掌握了二者的区别。

中期测试

通常，教师在教完一单元的知识点后才会评估学生的学习情况。评估方式一般是进行测试，测试的内容是教师设计的作业，涵盖本单元学习的全部或大部分知识点。教师批改学生的作业就是为了确定学生理解或掌握了多少知识点，学习水平如何。

在教完一个单元的内容后再进行测试十分常见，而且大有裨益：既有利于教师，也有利于学生。不过，另一种方法可以产生同样的效果。那就是中期测试。教师不用等到教完一单元的知识点后再评估学生的水平，而是在学生学到一半或者三分之二的时候就安排一次测试，了解学生对所学单元知识点的掌握程度。教师基于中期测试结果进行反馈，这样学生可以及时采取相应的措施，做出学习方法、学习态度等方面的有益调整。

例如，你可以想象一下，一位宗教课老师教学生学习祈祷在不同宗教中的意义、用途和作用。老师计划在学生学到一半时就测试他们，并根据测试结果来调整接下来的教学方案。同时，学生也可以根据反馈意见来学习剩下的知识点。在学完这个单元的内容后，教师可以再安排一次测试。

整理一份错题集

这个技巧很有用，方便教师面向所有学生集中给予反馈。它是这样使用的：

在批改作业时，一位教师在电脑上新建了一个文档，把学生经常做错的题整理好（包括题目和错误的答案），然后，用整理好的错题集来组织学习活动。

学生分为两人一组，教师给每组发一份打印好的错题集。学生仔细思考上面的错误答案，找出做错的原因，并想想该如何纠正错误，未来该如何避免犯同类型的错误。

过段时间后，教师带领全班同学讨论，让学生按组分享。接着，教师再给学生发一份错题集，上面列出同样的错题，不过，在这份错题集上，教师会标注上做错的地方和原因，并直接告知学生如何纠正这些错误以及避免犯同类型的错误。

最后，学生将他们的想法与教师的专业反馈进行比较。这样，学生不仅会仔细思考这些错误，而且会进一步分析你的专业看法。

172

设计一个检查清单

前面（第169条）我们提到过学生会由于粗心而犯错。提醒学生注意这些错误是为了他们在做作业时能发现这些错误，同时给学生更大的自主权，希望学生能更有效地进行自我评估，并能更好地控制其作业的质量。

交作业前让学生对照清单进行检查，同样可实现这个目的。你可以设计一个检查清单，列上你希望学生在提交作业前检查的内容。一定要和学生强调，列这个清单旨在让学生先尽可能地提高作业的质量，然后再交给你批改。这样，你就不用花功夫纠正学生因为粗心犯的错，而可以专心地提出深层次、更有意义的反馈意见。以下是一份小学写作课的检查清单：

在交作业前，你需要：

• 检查是否进行了合理分段。

• 检查是否正确使用了标点符号。

• 检查有没有不通顺的句子。

学生反复使用这样的检查清单，可以养成主动检查这些内容的习惯。这也可以帮助教师节省大量时间，提高反馈的效率。

173

让学生高效使用检查清单

学生能否高效使用检查清单，在一定程度上取决于他们是否养成了使用检查清单的习惯。为了培养学生的这一良好习惯，你可以使用以下策略：

• 你检查我的，我检查你的。你可以让学生在交作业之前先互相检查。这有助于学生熟悉检查清单，也可以让学生了解其他学生对作业的关注点。

• 再检查一遍。给学生留足够的时间，让学生对照检查清单把作业从头到尾检查两遍。

• 证明已经检查过作业。让学生想方法证明已经检查过作业了。学生可以用彩笔修改，也可以把检查过程中的发现简要写出来。

• 让学生添加一个检查项目。你可以让学生使用你列的清单检查作业，不过需要让他们自己加一条检查项目。他们应该把添加的检查项目写在作业本上，这样，你批改作业的时候就知道学生关注的重点了。

174

先从3个渠道完善作业

这个技巧旨在鼓励学生自主学习。学生有了问题，在请教教师之前，要先努力从3个渠道找答案。这3个渠道通常指参考资料、同龄人以及学生自己。通过应用这个技巧，学生可以提高学习的自主性，在寻求帮助前先努力自己解答。

同样的道理，批改作业时我们也可以应用这个技巧，达到类似的目的。学生可以先通过3种渠道完善作业，然后再上交。从下面的例子中我们可以看出这个技巧是如何应用的：

体育课上，学生们在学习体操。大家分组练习，老师来回走动。老师要向学生说清楚：他们随时可以进行体操训练展示，寻求反馈，不过必须先自行评估自身的表现，让同伴评价，最后通过和ipad上显示的专业运动员的表现进行比较之后，你才会评价他们做得怎么样。

显然，教师使用这种办法时，需要学生提前准备，也需要提前对学生进行训练。不过，通过上面的例子，我们可以看出，学生学习的自主性提高了。可以想象，教师给出反馈之前，学生的表现已经改进过了。

175

批改学生匿名提交的作业

给全班学生布置一份作业。剪一些纸条，在每张纸条上写上不同的数字，打乱发下去，给每个学生发一张。学生把号码写在作业本封面上，不要在作业本上写名字。同时，学生要把给他们分配的号码记下来（比如把号码记在自己的课本上）。

把学生的作业收上来，像往常一样批改，写上反馈意见。下次上课时，通过叫号，教师把批改过的作业发下去。

这样做的目的是让教师反思自己批改作业时是否会下意识受到一定偏见的影响。学生也可以看看他们的作业批改情况和往常有何不同。例如，你可能无意中会形成一种行为模式，会给某些学生提供固定的反馈意见。当然，这样的情况可能并不存在，不过确实可以用这个办法来检查。

这个技巧也有一定的限制，因为你可能会认出学生的笔迹。这点很难避免。如果学生有电脑，他们可以把自己的作业在电脑上编辑好之后打印出来，这样教师可以避免受到字迹的干扰。

批注作业范本中的亮点

给学生提供作业范本，也是一种反馈形式，这样学生就可以对优秀作业进行分析，在写作业时借鉴范本做出改进。这种形式的反馈没有明确指出学生的不足之处，也不是针对某个特定学生提出意见。学生将范本和自己的作业进行对比，找出异同，并自主确定如何修改。因此，这种形式的反馈并不是强制性的，而是更为随意的、非正式的。

要想让作业范本更有借鉴意义，你可以在上面增加批注，告诉学生范本中哪些地方做得好，他们应该从哪些方面做出改进。当然，如何参照范本改进作业依然取决于学生，不过有了批注，学生就更加确定自己的努力方向。通过参照批注，学生在下次做作业时目的性更强。

例如，一位大学老师与学生分享了一篇带批注的范文，上面的批注如下：

- 写论文时，你可以使用这种方法吗？
- 你想过用这种方式开头吗？这样开头会有什么不同呢？
- 你准备如何运用数据来强化论证的合理性呢？

• 在你的论文里，你举过这种类型的例子吗？如果举了这样的例子，你的论文会有何不同？

• 这样做会让你的论文有何不同？

带领全班同学讨论后，要求学生选择一个批注并根据这个批注来改进下一项作业。

批注错误之处

和批注范本中的亮点一样，批注错误之处也是一种有效的反馈。这一技巧可以让学生接触到更多专业知识，从而吸收、消化，增加自己的知识储备，提高理解能力。下面是教师通过批注错误之处来提供反馈信息的两个案例：

• 在戏剧课上，老师播放自己背诵一段独白的视频。学生观看视频时，老师让他们注意自己在背诵时故意犯的一些错误。然后老师给每个学生发一份资料，这份资料包含了老师刚刚念的独白内容，上面简要标注出了错误之处。学生参照这个资料来核对自己发现的错误之处。在这种情况下，老师是事先给所有学生提供了反馈信息。

• 在实验课上，老师给每个学生发一份资料，上面写着实验数据，以及从数据中得出的3个错误结论，每个结论旁都批注了错误的原因，并引用数据来补充说明。老师带着学生把这些错误过一遍，然后让他们把上节课的实验结论写下来，尽量避免犯同样的错误。同样，学生是事先得到了反馈信息。

批注不同质量的作业样例

我们如何告诉学生获得高分的作业是什么样的？有一种方法是：对不同质量的作业样例进行批注，将带有批注的作业样例展示给学生看，告诉学生作业中的哪些地方值得表扬，能得分或满足评分标准。

例如，上美术课时，老师可以和学生分享带有批注的3个不同得分的作品（满分是100分）：

- 能得到满分的作品。
- 能得到80分的作品。
- 能得到60分的作品。

老师让学生两人一组先讨论，然后全班同学一起讨论其中一些批注以及3个作品之间的关键差异。这样学生就知道了怎么做成绩才能从60分提高到80分，从80分提高到100分。

在考试将近的时候，你可以充分发挥这一反馈法的作用，因为这时候学生在复习过程中急于做出一些调整，来迎接接下来的考试。

179

学生及时采纳反馈意见

确保学生有时间采纳反馈意见至关重要。如果学生没有充足的时间做出调整，那反馈的效果会大打折扣。从你自己的角度考虑一下：如果有个同事通过观察你的行为，给你一些反馈意见，但你没有时间来修正自己的行为，那会发生什么呢？反馈肯定会被抛到九霄云外去了。你不但没有发挥反馈的作用，更重要的是，你错失了改进的机会。

你可以采用多种方法确保学生有时间实现反馈中提出的目标。在接下来的方法介绍中，你可以参照一些具体案例。在此之前，请先考虑几个问题：

- 在备课时，你考虑到学生实现学习目标的时间了吗？

- 你留出多少时间让学生思考、讨论、采纳你提供的反馈意见呢？

- 你有时间给学生示范如何参照反馈意见做出改进吗？

- 对你而言，学生实践反馈的时间有多重要？在课堂上，相比给学生充足的改进时间，你总是优先讲解课程内容吗？如果是的话，这种做法对吗？

● 上次你和学生讨论反馈信息并让学生积极采取相应行动，是什么时候呢？

　　教师应该常常问问自己这些问题，反思一下，学生是否有机会有效利用反馈意见。

写下来一行动一反思

这是确保学生及时采纳反馈意见的第一个技巧，其原理如下：

让学生把反馈中提出的目标写在作业的顶部。然后，学生在做作业时努力实现目标。最后，学生总结一段话，反思一下目标实现了多少。反思的内容可以包括作业的难点在哪儿，他们哪里做得不够好，下次该朝哪个方向努力。

这一技巧也可以以非书面的形式加以运用，例如：

在舞蹈课上，老师提醒学生回忆一下自己最近的目标，要求学生告诉舞伴他们的目标是什么，打算如何实施这一目标。然后学生要在接下来的活动中努力达成目标，活动结束后，他们需要和舞伴讨论一下目标实现情况。

不管是以上哪种情况，目标都是提前设定好的，且一直处于各种活动的核心地位。所以，学生可以把注意力集中在目标上，从而避免让任务抢了风头，反倒让目标成了陪衬。最后学生需要进行反思，这有助于提高学生的元认知水平。如果目标难以实现，那学生可借机确定未来的努力方向。

D.I.R.T. 反馈法

D.I.R.T.代表定向改进和反思时间（D.I.R.T.：Directed Improvement and Reflection Time 的缩写）。

实施这一技巧的前提很简单。你需要从课堂上空出一定的时间，让每个学生专门利用这段时间进行反思、改进。这一前提的意思是永远不要让别的事情把这段时间占用了。这样可以保证学生在你的课堂上有时间来采纳你给的反馈意见。

教师可以每隔3节课，开始上第四节课时，留出20分钟的时间让学生进行定向改进和反思。例如，学生可以重写部分作业，与此同时，教师要在教室里来回走动，给学生做示范，教他们如何利用反馈意见来完善作业。

你还可以通过这一技巧，让学生反思作业是如何完善的以及是否需要设定新的目标。这可以提高学生的学习自主性，因为学生可以决定是否需要更多的反馈意见，而这通常是由教师决定的。

182

活动—反馈—活动

这是确保学生及时采纳反馈意见的第三个技巧，其原理如下：

在班级组织一个学习活动。在学生参与活动时，你需要在教室里来回走动，观察学生的行为，倾听学生的对话，分析学生的任务完成情况。在活动结束之前，根据你收集的信息，总结3个和全班同学都相关的反馈意见。

告诉学生这些反馈意见，并向学生解释这些反馈意见的重要性，带领学生进行一个简短的讨论（引导他们深入理解反馈意见并付诸实践）。然后，再组织一个活动，这个活动和第一个活动相似，不过学生参与第二个活动时，要采纳刚才收到的部分或全部反馈意见。

这样组织课堂活动，一方面教师有机会面向学生提出反馈意见，另一方面学生有机会将反馈意见付诸实践。多练习几次，学生很快就会有收获。从本质上讲，这样做可以促使学生根据反馈信息确定努力方向，并朝着那个方向努力。

183

反馈记录纸

　　学生可以准备一张反馈记录纸，在上面写下教师的反馈意见，然后把这张纸放在方便查看的地方。学生可以把反馈记录纸粘在书的内页上，或者放在收纳试卷的文件夹的最前面，随时参考反馈记录纸上的反馈意见，也可以用这张纸来追踪自己取得的进展。这样他们就可以知道自己的成绩有没有提高，也知道自己是不是一次又一次犯同样的错误。

　　如果没有反馈记录纸，那学生会很难找到一些之前写的作业或试卷上记录的反馈意见。反馈记录纸可以把反馈意见整合起来，这样反馈意见就会集中在一起，也方便学生查找。有些教师会直接把反馈意见写在学生的反馈记录纸上，有些教师会写在学生的作业本或试卷上，然后让学生将一些重点信息抄到反馈记录纸上。教师使用第二种方法时，学生需要积极思考，不过学生也有可能不动脑子，只管全部抄写。

　　最后，你可以将每一条反馈意见与学生成功实践反馈的时间列成一个表格。学生成功实践反馈后，就在表格中记录下具体时间。你还可以在表格中增加一列，这一列由教师在学生已经实践反馈后签字确认。

184

测试练习

测试练习与考试类似，不过不太涉及评分。例如：单元测试、课堂练习题测试、模拟测试，等等。测试练习是巩固学习成果的有效方法。根据许多教师和学生过往的经验，测试练习有助于提高学生的成绩。

学生可以在测试练习中采纳教师的反馈意见，进一步发挥测试练习的作用。例如，你可以在班级组织一次课堂练习题测试，然后仔细观察学生的测试情况。在进行一段时间的观察后，你要及时给学生反馈，让他们立即付诸实践。通过这种方式，教师可以改善测试练习的效果，学生可以集中精力采纳你提供的反馈意见。

再举一个例子，一位老师面向全班学生布置了5道同类型的练习题，学生每解答一道题，老师会提出相应的反馈意见。学生在解答下一道题时需要采纳关于上一道题的反馈意见，给出更完善的答案。

间隔练习

间隔练习有助于巩固学生的长期记忆。间隔练习是指学生会隔一段时间练习一次。在间隔期，教师会总结学生之前的学习情况，提出一些反馈意见。

例如，一位小学老师让全班学生在每节课的前20分钟练习书法，连续练习两周。在这两周内，老师会每隔两节课反馈一次学生的练习情况。在老师给出反馈后的接下来两节课中，学生有机会采纳反馈，付诸实践，达到老师的要求。

再举一个例子。一位数学老师让学生利用每节课的前10分钟进行心算练习，为期一个学期。这位老师给学生设定了一系列的目标，要求学生一节课实现一个目标。在每次练习开始前，老师提醒学生专注于本节课的目标。因此，学生需要集中精力，努力实现目标。

186

口头的自我评估

这个技巧可以教学生评估自己的目标实现情况。其工作原理如下：

在白板上展示以下问题（全部写或写一部分）：

• 你是如何努力实现目标的？

• 你具体做了些什么？为什么它们有成效？你怎么证明？

• 你尝试了哪些没有成效的事情？为什么这些事情没有成效？以后你需要怎么调整？

• 哪些尝试对你来说比较容易？哪些对你来说比较困难？

• 你如何说服我你已经准备好迎接一个新的目标？

给学生1~2分钟的时间，让他们静静思考上面的问题。学生可以做笔记。两人一组，一个学生提问，另一个学生回答，然后互换角色。最后，给学生一点时间，学生可以跳出扮演的角色，自由讨论。

通过这个过程，教师引导学生进行反思，并给学生口头表达反思结果的机会，学生可以理清思绪、不断完善并提出自己的想法。

学生将评价标准内化于心

如果你不断向学生传授专业知识，并给他们时间将反馈意见付诸实践，那学生会发生怎样的变化？

学生会慢慢地把教师评价学生表现的标准内化于心。通过课堂反馈、批改作业，教师可以让学生明白在某个阶段应该掌握哪些知识，怎样才会越来越接近教师的专业水准。教师能够帮学生把评价标准内化，毫无疑问，也能帮学生达到这样的标准。

教师审视学生的学习情况，提出反馈意见，目的就是帮助学生越来越接近甚至超过教师的专业水平。你可能认可这个观点，也可能不认可。但我个人觉得，确保学生将评价标准内化于心，理解反馈并能根据反馈采取行动，大有裨益，这说明，专业知识正逐渐从一个人（教师）的脑海转移到另一个人（学生）的脑海里。

关于反馈技巧的介绍之旅到此就结束了。最后，我还想说一点，我希望你享受阅读过程，知道怎么根据自己的教学风格和学生的需求来调整这些技巧，希望这些技巧对你未来在激励学生学习与思考方面有所启迪。

培养学生的高阶素养，整合性教学设计全解读
将下一代培养成问题解决者和创造性思考者

整合性教学设计

如何整合STEAM教育、项目式学习、具身学习和审辨思维训练，实现可持续的自主学习

构建更完备的知识系统

设计一系列解决现实问题的协作体验式活动

注重培养学生的高阶素养

让学生能够从更宏大的视野理解不断变化的世界

ISBN：978-7-5153-7243-3
作者：[瑞典] 夏洛特·格雷厄姆　菲利普·朗尚
定价：69.90元

本书精彩回顾

★ 近20种高参考价值的整合性教学设计项目实例，从数理科学竞赛项目到日常活动

★ 构建概念化时间叙事框架，视角更立体，提升知识的留存度

★ 重视具身认知，它是人类心智中可能永远无法被人工智能复制的主要元素

★ 提供哲学思辨训练，掌握洞察模式的素养，在集体和个人层面培养学生的道德感

★ 重塑学习场景的设计性、模块性、技术性、混合性和互动性

★ 倡导学校提供各种活动，以成为重新发现快乐社区的中心

★ 鼓励教师成为伯乐教师、具备伯乐品质

★ 人工智能时代的教育蓄力

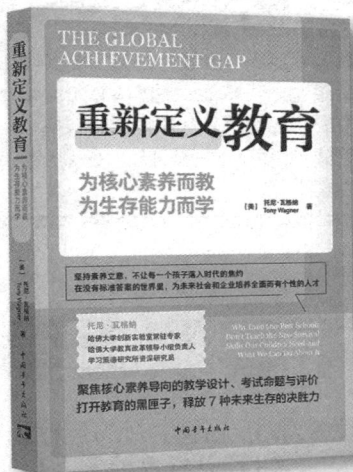

重新定义 教育

为核心素养而教，为生存能力而学

ISBN：978-7-5153-6994-5
作者：[美] 托尼·瓦格纳
2023-09　定价：59.90元
上架建议：教育理论

内容简介： 没完没了的考试、成绩、成功、上名校压得学生和父母喘不过气来。今天的学校与真实世界之间仿佛隔着一道巨大的鸿沟，学校安排的教学和考试、学校对学生的期待，与这个社会对学生的要求，以及学生认可的激励方式有着天壤之别。

本书直击教育痛点，揭示了学校、教师、家长、学生直面未来的发展路径，为落实培养核心素养提供实用方案，让孩子为求学、就业、未来生存做好准备。各界领袖精准点评、教育界齐声称赞，北京第一实验学校校长李希贵、斯坦福大学教育学教授琳达·达林-哈蒙德等人倾情推荐。

阅读本书，你将跟随作者打开学校教育的黑匣子，为学生释放出7种决胜未来的生存力，洞察培养出有竞争力、具备解决实际问题的能力、充满好奇心与想象力、技能娴熟的人才的底层逻辑。你将了解深化教学改革的实践模式，如何围绕学生核心素养培养进行教学设计、考试命题与评价，以及如何重新定义教学中的"精准"。

认知心理学家
解开大脑学习的
运作结构，
如何更有效地
学习与思考

为什么
学生
不喜欢
上学

Why Don't
Students
Like
School?

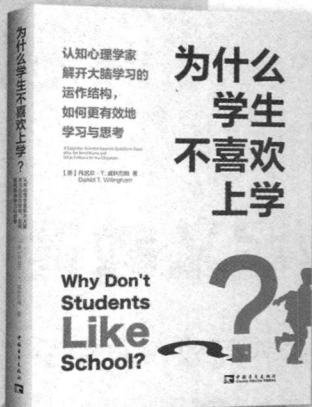

★ 比尔·盖茨推荐
★ 入选得到听书"镇馆之宝"
★ 入选中国教育报"影响教师的100本书"
★ 豆瓣热门教育学图书No.1
★ 中国教育学会副会长李希贵特别推荐；新教育实验发起人朱永新作序推荐
★ 广受美国教育界专家学者好评：美国教师联盟主席兰迪·温加滕、美国核心知识基金会创始人E.D.赫希、《认知天性》合著者马克·麦克丹尼尔、美国第十任教育部部长小约翰·B.金联袂推荐

为什么学生 不喜欢上学？

认知心理学家解开大脑学习的运作结构，
如何更有效地学习与思考

ISBN：978-7-5153-6708-8
作者：[美] 丹尼尔·T. 威林厄姆
2023-01　定价：59.90元

内容简介：本书以"人类是如何思考和学习的"为线索，按章节依次阐述了大脑关于学习的10项基本运作原理，回答了诸如为何我们无须费力就能记住热播剧剧情却记不住知识等普遍学习困惑，揭示了故事、情感、记忆、背景知识、练习在构建知识和创造持久学习经验中的重要性，据此给出教育工作者提高学生的学习能力及精进教学技艺的方法建议。

作者的多个观点会颠覆你的固有认知，你将会重新认识并思考以下主题："事实性知识优先于技能知识""反复练习是精通任何脑力工作的开始""因材施教是否有科学性证据支持""智能可通过持续努力而改变""对于学生不同的学习方式，我是否应该调整我的教学""学生真能像科学家、数学家、史学家那样思考吗""技术革新的速度再快，也没有改变人类的思考方式"等。

掌握10大认知原则，就能掌握有效学习的诀窍，不是你不喜欢学习，原来是大脑喜欢这样学！

作者简介：丹尼尔·T. 威林厄姆于杜克大学获得心理学本科学位；1990年，他获得哈佛大学认知心理学博士学位；从1992年至今，他在美国弗吉尼亚大学担任心理学教授。其研究主要关注以大脑为基础的学习和记忆，主要围绕认知心理学在基础教育方面的应用。

用心学习

教育大师托尼·瓦格纳的学习之道

ISBN：978-7-5153-6668-5
作者：[美] 托尼·瓦格纳
2023-01 定价：59.90元

★ 北京第一实验学校校长、中国教育学会副会长李希贵和清华大学附属小学校长窦桂梅特别推荐

★ 英美各界思想家强烈推荐本书，包括美国教育部助理部长戴安娜·拉维奇、美国教育部顾问/谷歌顾问/"硅谷教母"埃丝特·沃西基、"多元智能理论"之父霍华德·加德纳、著名未来学家丹尼尔·平克、美国麻省理工学院领导力中心执行主任赫尔·葛瑞格森、亲子教育专家玛德琳·莱文

★ 一部不平凡的自传式教育著作，在不确定的世界里追问教育与学习的意义，用心燃起对知识的渴慕

内容简介： 无论你多大年纪，也无论你正在经历什么，每个人都能从托尼·瓦格纳的故事中，读到那个叛逆、执着、热忱又无惧的自己。

追寻托尼·瓦格纳的成长轨迹，你将会了解到他如何从"问题学生"蜕变成教育思想领袖：一个热爱阅读和写作的任性男孩对世界保持好奇心。一个几度退学、被"恶语老师"贴上"废物"标签的学生，在成长的每一个失败时刻与这个宣判式的回声做抵抗。一个初入大学、带着急躁和冲劲的青年人，为接近生活的真相辍学，又为何重返大学？一个身处动荡时代的学习者，不断追问自我与周围的世界。一个毕业于哈佛大学的高才生教师，帮助学生设计充满挑战性的学习项目，发展学生的内在学习动机，和学生共同讨论未来的目标、道德困境和艰难选择。一个创新教育的推崇者，帮助教师开发有意义的新工具，探索课堂之外的学习机会……。

作者简介： 托尼·瓦格纳是公认的杰出教育家，现任学习策略研究所的资深研究员。托尼博士曾在哈佛大学任职20多年，是哈佛教育研究院"变革领导力"团队创办人兼联合主任，还曾在哈佛创新实验室担任常驻专家。托尼博士有丰富的教学经历，是社会责任教育者组织的创始执行董事等。

人工智能
如何影响教学

从作业设计、个性化学习到
创新评价方法

ISBN：978-7-5153-7012-5
作者：[美] 马特·米勒
2023-10 定价：49.00元

★ 教育技术教学倡导者新作，一本书讲透教师即将应对的人工智能时代
★ 现象级ChatGPT、AIGC产品问世，是将教育逼入角落，还是为教学打开天窗？
★ 本书旨在向教育领域传递正视AI重塑教学的可能性，为教学、教师和学生迎接智能时代做好准备，培养数字素养，媒介素养。讨论技术伦理，重新定义人工智能时代的作弊与抄袭，帮助学生合乎伦理的使用工具，培养数字素养、媒介素养。
★ 30个运用AIGC技巧丰富教学的实用技巧：助力个性化教学，提高教师的教学效率，丰富作业设计的形式，优化学生的评价方式，为教师积极稳妥地运用人工智能为教学赋能提供指导

内容简介： 面对以ChatGPT为代表的生成式人工智能技术的崛起，机器学习和人工智能的井喷式发展，教育界将面对何种挑战，又该如何应对？"教师会被ChatGPT取代吗？""ChatGPT会导致学校里作弊盛行吗？"

本书合乎时宜，提供了30种运用生成式人工智能技术（比如ChatGPT等人工智能助手软件）灵活教学的实用技巧，讨论了教师正确看待学生使用ChatGPT完成个性化学习的可能性，帮助教育工作者重新思考传统的作业设计，还讨论了如何帮助学生以负责任、合乎伦理的方式适应未来的人工智能世界，如何将学生培养成具备媒体素养的合格的数字公民，教师如何借助新技术提高自己的教学效率……

作者简介： 马特·米勒，他在K-12教育领域广受欢迎，身为一名作家、教育演讲家、教育技术倡导者，他一直鼓励教师用创意解放教学，倡导在课堂中融入技术，致力于提高教育工作者的教学效率，为学生创造更多印象深刻的学习体验。著有《技术如何改变教学》。

让学生的进步看得见

马扎诺团队作品相关推荐阅读

《能力导向型教学法》

《数据驱动式教学》

《如何成为一名反思型教师》

《卓有成效的课堂管理》

《设计有效的教学评价与评分系统》

《课堂上的提问逻辑》

《如何促进教师发展与评价》

《高度参与的课堂》